JN125288

Lily

ユリの文化誌

マーシャ・ライス 著
Marcia Reiss

上原ゆうこ 訳

花と木の
図書館

原書房

［……］は訳者による注記である。

序　章　いくつもの顔をもつ花

ユリが人間だったら、多重人格障害と診断されるだろう。神話、宗教、芸術、文学、大衆文化におけるその千変万化の物語は、貞節と性欲、善と悪、滋養と毒、生と死というまったく正反対のものの物語である。何千年も前からユリは人々の結婚や埋葬を彩ってきた。その起源に関する神話は、血と母乳の物語でもある。ユリのことを知った気になっても、すぐにくつがえされるだろう。

ユリ科は世界的な多様性をもつ非常に大きなグループである。約3000の種と数万の交雑種があり、この数は毎年増えている。ユリは、栽培されている花としては人類に知られている最古の植物だ。ファラオの墓にその絵が刻まれ、2000年前の中国の文書に球根についての記述がある。ユリは、イスラム教の地上の楽園からヴェルサイユの完成された整形庭園やイギリスの自然の風景に似せた広大な地所まで、世界中の大庭園でその役割を果たしてきた。

ユリの物語を語るということは、世界のさまざまな地域のさまざまな種類のユリについて話すことでもある。植物学的にいえば、リリーと呼ばれる植物の大多数はユリ科というひとつの大きな科に属すが、独自の科に分類しなおされた種もあれば、名前だけリリーとなっているものもある。もっともよく知られている最古のユリの意匠であるフルール・ド・リス（「ユリの花」を意味するフランス語）は、むしろアイリスに似ており、歴史家たちはそれが本当はどの花を表しているのか何世紀も前から議論してきた。聖書におけるユリへの言及もさまざまである。「雅歌」（「ソロモンの歌」とも呼ばれる）の官能的な隠喩「腹はゆりに囲まれた小麦の山」（7章3節）があるかと思えば、イエスの山上の垂訓の中でもっともよく知られている言葉「野のゆりがどのように育つのか、注意して見なさい」（「マタイによる福音書」6章28節）がある。これらの花は、今日、イースターリリーと呼ばれているものなのだろうか。それとも「雅歌」に「わたしはシャロンのばら、谷間のゆり」と歌われている小さなリリー・オブ・ザ・バレー（スズラン）なのだろうか。それともたくさんあるやはりリリーと呼ばれる花なのだろうか。

日曜学校の教科書はさておき、聖書のユリはよく知られている白いイースターリリーではなかった。植物学者たちは、それは中東原産の白、紫、さらには赤色の、いくつもあるユリのいずれかだったのではないかと考えている。有望な候補で今でも地中海地方で見られるのが、ユリの最大のグループであるユリ属（*Lilium*）に分類される植物だ。トゥルーリリーと呼ばれるこの属には、今日の庭や花屋でよく見かけるさまざまな種類の白やカラフルなユリが含まれる。本書ではこのトゥルーリリーに重点を置くが、「リリー」と呼ばれるほかの野の花——目の覚めるようなデイリリー（ヘメロカリス）、曲線が美しいカラーリリー（オランダカイウ、カラーとも呼ばれる）、神秘的なウォーターリリー（スイレン）、小さな花茎が地面をおおうように広がるリリー・オブ・ザ・バレー（ス

風刺雑誌『パック』（1910年）のイースター号の表紙は、ユリが象徴する善悪の二面性をユーモラスに表現している。

ユリの王笏をもつ古代エジプトの女神、紀元前3世紀、石灰岩のレリーフ。

ズラン）、そのほかそれほど知られていないいくつもの植物――についても検討する。これらの植物はみな、あらゆる時代のハーバリスト（薬草医や本草書の執筆者といったハーブの専門家）、植物学者、芸術家、詩人、預言者、聖職者、物語作家たちに多大な影響を与えた。

ユリは、世界中の文化で人々の生活の基本要素と密接なかかわりをもっている。文明の歴史を見ると、人々はずっと食料、薬、化粧品のためにユリを荒野で探し庭で栽培してきた。古代エジプトの女性たちはユリから抽出したオイルで体によい香りをつけた。ユリはその芳香と美しさゆえに大切にされ、それが象徴する清らかさゆえに尊ばれ、中世にはヘビにかまれた傷や腫れ物の治療に使われて大切にされた。ヴィクトリア時代の植物収集家たちは、異国のユリを探して東アジアを歩き回り、中国人や日本人が何世紀も前からこの貴重な球根をまるでジャガイモのように食べていたことも知った。古代ローマ軍団も

『聖書の世界の果物と花 *Fruits and Flowers from Bible Lands*』よりユリとそのほかの花、宗教小冊子協会が出版したカードセットの1枚、イギリス（1863年）。

スズランを積んだ小さな荷車を引くヒヨコのイースターフォト、1908年頃。

同じようにマドンナリリー（ニワシロユリ）の球根を食べていたし、足の痛みをやわらげるために球根から作った湿布を使っていた。

旧約・新約聖書からタージ・マハルまで、ユダヤ教、キリスト教、イスラム教の芸術作品や文学作品にユリは登場する。ユリは文字通り古代の神話や伝説の〝乳と血〟であり、人々の生と死の物語においては情熱と繁殖力の強さを表す。ギリシア神話では、ユリは最初、女神ヘラの乳のしずくから地上に芽を出したとされる。そして、キリスト教の伝説では、竜が聖レオナールの血をばらまき、しずくが落ちたところにスズランが生えたといわれる。キリスト教のごく初期の時代から白ユリは聖母マリアの純潔のシンボルであり、数世紀のちにはルネサンス芸術の無数の例で定式化された図像として盛んに使われた。

19世紀には、宗教的象徴体系に代わって花のスピリチュアルな意味が信じられるようになった。ヴィクトリア時代の「花言葉」では、白いユリはまだ純粋と無

タージ・マハルの記念碑にある赤いユリの装飾部分を描いた19世紀初めの水彩画。中央のユリの両側にターキッシュリリーとも呼ばれるヨウラクユリが配置されている。

垢を表していた。しかし、ラファエル前派の画家たち、とくにダンテ・ゲイブリエル・ロセッティの絵画では、ユリは感覚に訴える写実主義で描かれた。ユリの意味はしだいに複雑になり、この時代の多くの画家によって描写されているように、宗教的であると同時に世俗的、無垢であると同時にエロティックになった。そしてユリ（かならずしも白ではない）は、詩人のエミリー・ディキンソンや、耽美主義およびアーツ・アンド・クラフツ運動の芸術家たちがとくに好んだ花である。ウィリアム・モリスとウォルター・クレインは壁紙のデザインにユリを取り入れ、オスカー・ワイルドは美への愛のしるしとしてユリを上着の襟につけた。ワイルドが男色を理由に裁判にかけられてからは、それは彼の同性愛のしるしになった。ルイス・カムフォート・ティファニーのとりわけ複雑で高価なステンドグラスのランプは、「ポンド・リリー・ディセンディング（下向きのスイレン）」といった。だが、ワイルドが思い知ったように、芸術のための芸術は高くつくことが多かった。このさまざまな色を使ったランプは１９０８年に４００ドルという非常に高い値段で売れたが、時間のかかる手作業で作る必要があり、数年後に製造が中止された。[1] 人々がユリの芸術的魅力に引かれたこの時期、フランク・ロイド・ライトは１８９５年にアートグラスウィンドウのためのスイレンのデザインを考案し、クロード・モネはスイレンに取りつかれてジヴェルニーで自宅の庭の池に咲くこの花の絵をおよそ２５０枚描いた。

19世紀に南アフリカの白いカラーリリーがアメリカへもたらされると、追悼の花から女性美のシンボル、性欲をかき立てる非常に刺激的なイメージへと、象徴的意味がさまざまに変わった。そして20世紀初頭のアメリカ美術において挑発的な題材となり、このセクシーな外来植物はユリの評判

メロッツォ・ダ・フォルリ（1438 ～ 94）の作とされる《受胎告知》、受胎告知礼拝堂のフレスコ画、パンテオン、ローマ。天使ガブリエルが聖母マリアの純潔のしるしであるユリを手にもっている。

を一変させた。ジョージア・オキーフやサルバドール・ダリのような画家たち、そしてアンセル・アダムスやロバート・メイプルソープのような写真家たちにとって、カラーリリーの官能的な形状は抵抗し難いテーマだった。彼らのほのめかしはかすかなものもあれば、見た人がたじろぐようなものもあった。ダリやメイプルソープによる露骨で大胆な表現を見たあとでは、ガーデナーはただのユリでさえまともに見るのが難しくなるかもしれない。

あらゆる種類のユリが子ども向けの物語に登場し、たとえばルイス・キャロルの『不思議の国のアリス』の続編『鏡の国のアリス』（1871年）には話をするオニユリが出てくる。そのほかにも多くのユリが、19世紀の児童書の挿絵に美しく描かれており、もっとも想像力に富んでいるのがアーツ・アンド・クラフツの芸術家ウォルター・クレインによるものだ。そして、ユリには舞台や映画の有名な俳優との密接なつながりもある。イギリスの19世紀のスターで王の愛妾でもあったリリー・ラングトリーは、髪にいつもユリを飾り、ジャージーリリーと呼ばれていた。映画『ステージ・ドア』（1937年）でキャサリン・ヘプバーンが口にする「またカラーリリーの花が咲いている」という物憂い台詞は、今でもよく知られている。シドニー・ポワチエは映画『野のユリ』（1963年）で、黒人俳優として初めてアカデミー主演男優賞を受賞した。そして、シェイクスピアの悲劇からジョン・ウェインの古典的な西部劇まで、ユリを用いた隠喩は日常会話でも使われるようになった。

ユリは強い反応を引き起こし、大嫌いな人もいる。種類によっては強烈な香りに圧倒されるようなものもある。フランスの小説家コレットは、「子どもの頃」はユリの「目もくらむような花と香

ウォルター・クレインによるユリとハトを用いた壁紙のデザイン、1876年。

りが庭を支配していた」と回想している。しかし家の中に座っている母親から、「ドアを閉めて……ユリのせいで客間にいられなくなる」と声をかけられたという。[2] 少数ながら種によっては、ひどい悪臭がするものさえある。そのひとつコマユリ（*Lilium amabile*）のにおいは、「古いテニスシューズと腐ったキャベツを合わせたにおい」にたとえられた。ワシントン州の種苗業者B＆Dリリーズが最初にこのユリを開花させたとき、「温室のベンチの下に何かが潜り込んで死んでいるのだと思った」という。B＆Dリリーズはこのユリを販売しているが、「距離を置いてその美しさを楽しむ」よう助言している。[3]

一部の交雑種の鮮やかな色も、もっとおとなしい色が好みの人、あるいは強い偏見をもつ人たちを不快にさせることがある。西インド諸島生まれの作家で熱心なガーデナーであるジャメイカ・キンケイドは、『マイ・ガーデン・ブック *My Garden Book*』で、人種差別の隠喩になったユリの話をしている。彼女は友人の庭を歩いていて鮮やかな色のアジア系のユリが咲く花壇にやってきたとき、友人の母親が「このニガー色を見て！」と叫ぶのを耳にしたという。[4] 純白のマドンナリリーでさえ、無垢であると同時に不吉という相反する感じを与えることがある。コレットは、5月にマドンナリリーを集めて束にし、マリア像の頭を飾るために祭壇へもっていった、子ども時代の思い出をこう語っている。

教会は風通しが悪くて暑く、子どもたちは花をたくさん抱えていた。ユリのどうにもたまらないにおいがきつくなり、賛美歌の邪魔をする。信者が何人も立ち上がって急いで出ていく。

「あらゆる種類のユリ」、ウォルター・クレインによる擬人化されたユリのイラスト、『シェイクスピアの花園』（1906年）より。

頭を垂れたのち、奇妙な眠気に負けて眠りに落ちる人もいる。でも、祭壇に立つ漆喰の聖母は、ぶら下がった指の先で、足元の半分開いたカイマンの長い口のようなユリをなでている。[5]

コレットはユリの花弁をカイマン、つまりワニの口にたとえたが、ウィリアム・ブレイクは無垢な美しさだけを見ている。

慎み深い薔薇は刺を出す、
謙虚な羊は脅す角を出す。
一方、白百合の花は愛を喜び、
刺も脅しもその輝く美を汚さない。
（「無垢と経験の歌」、『対訳 ブレイク詩集』所収、松島正一編、岩波書店）

ジョージア・オキーフは、自分がカラーリリーについて考え始めたのは「人々がそれを強烈に好むか嫌うかのどちらかだからだ」と述べている。彼女の絵はどちらの側の人にも激しい反応を引き起こしたが、画家自身は「私はそれについてまったく何の感情ももっていなかった」と主張している。[6] だが、絵はそうではないといっているように見える。大好きでも大嫌いでも、ユリは時代を超えて魅力的なテーマであり続けている。

この白いユリの目立つ雄しべと葯は、トゥルーリリーと呼ばれるユリ属の植物の特徴である。

第1章　リリーと呼ばれるが

そもそもユリとは何か？　どの園芸書を開いても、読者は仰天することになる。索引のリストはほかのどの花よりも長いだろう。そして、植物の構造に基づく複雑な分類学の知識――ラテン名はいうまでもない――が書かれている。分類体系について簡単にまとめておくが、本書の目的からってできるだけ簡単にしておこう。似た植物に名前をつけてグループ分けしようとするのは、歴史を通じて人類の本能的衝動ともいえるものだった。ほとんどどの文化でも、古代の学者やハーバリストは、薬や食料のためであれ美しさのためであれ、地元の植物相を理解しようとした。古代ギリシアの哲学者で科学者のテオフラストス（紀元前371～287頃）は、膨大な量の植物学の論文を書き、最初の植物分類体系を確立した人物だが、彼の論文の多くが今日まで残っている。ローマの博物学者である大プリニウスとギリシアの医師ディオスコリデスによって1世紀に書かれたふたつの論文は、19世紀まで植物学さらには医学の権威書とみなされていた。プリニウスは、ユリについて記述したとき、植物の生殖システムの雄性要素つまり雄しべを指すのに今日使われているのと同じように「スターメン」という言葉を使った最初の人だといわれている。[1] 古代の文書にある植物の名称は、何世紀もの間、植物学者たちが議論し変更することになる。ラテン語の名称が広く使用されたが、特徴を表す言葉としてどれを使うかは個人的な考えに基づいているため、主観的になりやすかった。同じ植物に異なる名称がある場合や、長くて使いにくくなることも多かった。

1730年代にスウェーデンの植物学者カール・リンネ（1707〜78）が、もっと単純なシステムが必要だと考えて、今日でもまだ使われている二名式命名法、つまり各植物にふたつのラテン名を与えるやり方を確立した。ひとつ目のラテン名は属を、ふたつ目は種を表す。属と種という用語は、界から始まる植物分類の階層構造の底辺にあたる。ユリ（トゥルーリリー）の場合は次のようになる。

界：植物界
門：単子葉類
綱：ユリ綱
目：ユリ目
科：ユリ科
属：ユリ属
種：およそ110

カリフォルニア州とオレゴン州の海岸の近くで発見された野生のユリ（*L. occidentale*）。このカラフルな固有種は20世紀中頃に収集家たちのせいであやうく消えてしまうところだったが、現在では公式に希少かつ絶滅を危惧される植物とされている。

ユリに関して驚くべきことのひとつが、その種類の多さだ。ユリ科には250の属があり、その最大のものがユリ属である。この属には110という膨大な数の種が含まれる。植物界には約40万の種があることを考えれば、たいしたことはないと思うかもしれない。だが、平均的な属には種が18しかないのだ。[2] 1753年にリンネの植物名のリストが出版され、それ以来、多くの変更があり、追加だけでなく植物の構造に関する新たな発見に基づく再分類もなされてきた。植物学者たちは幾世紀にもわたって、植物をその花、種子、根、葉によって分類してきた。現在ではDNAを調べることによってより正確な分析が可能になり、さらに再分類されることになった。

本書では、普通名と、確定した二名法によるラテン名の両方を用いる。たとえばオニユリの場合、当初 *Lilium tigrinum* とされていたが、葉が槍先のような形をしていることから現在は *Lilium lancifolium* とされている［*tigrinum* は「トラのような縞模様あるいはジャガーのような斑点がある」、*lancifolium* は「槍形（細長くて先が尖った形）の葉」という意味］。

二名法の場合の後半の名前は、リーガルリリーの*L. regale*のように事実に即したものもあれば、アメリカンスワンプリリーの*L. superbum*の実物以上によい名前のように主観的なものもある［*regal*は「王者の」、*superbum*は「並はずれてよい」という意味］。ほかに、それを発見した植物収集家の名前を表している場合もあり、たとえばキカノコユリの*L. henryi*は19世紀の終わりに中国でこの鮮やかなオレンジ色のユリを発見したアイルランドのプラントハンター、オーガスティン・ヘンリーにちなんでつけられたし、小さな*L. wardii*は1924年にチベットの山中でフランク・キングドン＝ウォードによって発見された。キングドン＝ウォードは今日なら機会均等主義の収集家といえるかもしれない。1946年に再びアジアへ行ってビルマ（現在のミャンマー）でピンクと白の釣鐘型のシロイリリー（*L. mackliniae*）を発見し、妻のジーン・マクリーンにちなんで命名したからである。

現在のところ110種が発見されているユリ属を親とするハイブリッドリリーが今では何千種類もあり、その多くは20世紀に作られた。増え続けるユリの交雑種、つまり異なる種を交配してできた園芸品種については、品種名だけをイタリックにせずに表記する。栽培家たちはロマンティックな呼び名をつけてきた。二名法によるラテン名をふたつ×でつないで表現される名前よりも、Enchantment（エンチャントメント）やStargazer（スターゲイザー）という名のユリのほうがガーデナーに買ってもらえる可能性がずっと高い。名前がその時代の大衆文化を反映している場合もある。オランダ最大のユリ生産者ピーター・ホフは、1970年代に家族の農場で働いていたとき、自分の新しいユリの大半に、ムーンフラワーやブラック・マジック・ウーマンなど、ロックバンドのサンタナの歌にちなんだ名前をつけた。[3] 世界中の大勢のアマチュアガーデナーたちもユリの交配をしており、趣味でこの技術を実践し、自分の実生を永続的な園芸品種として認めてもらうために何年も費やしている。「裏庭の花粉塗り」を自称するミシガン州トロイのチャーリー・クロエルは、「一度交配しただけで中毒になってしまうこともある」と説明する。「初めて自分の花からできた新しい実生苗を見たときの感動を言葉にするのは難しい」という。[4]

●本当のユリ、近縁の植物、そしてただの友だち

トゥルーリリー、デイリリー、リリー・オブ・ザ・バレー（スズラン）、カラーリリー、ウォーターリリー（スイレン）はどれも、神話、芸術、文学、園芸、大衆文化で重要な役割を果たしてきた。ここでは、植物学的な観点からそれぞれの特徴を紹介する。

トゥルーリリー、つまりユリ属（*Lilium*）には、イースターリリーやマドンナリリー――どちらも白いトランペット形の花を咲かせるが、異なる種とみなされている――をはじめとして、もっともよく知られていて人気のあるユリが含まれている。単子葉類の植物はどれもそうだが、種子には子葉が1枚しかない。しかし、近縁の単子葉類であるスイセンやタマネギと同じように、球根からも育つ。ユリ属の植物の球根は多肉質の鱗片からなり、球根が紙のような外皮で守られているスイセンやタマネギと違って、本当に休眠することはなく、湿度が保たれていなければ乾燥して死んでしまうこともある。ユリの花は本当にさまざまな色や形をしている。白、クリーム、ピンク、赤、黄、あるいはオレンジ。さまざまな濃さの、青と黒を除くあらゆる色合いがある。交雑育種家のチャー

カナダリリー（*L. canadense*）は、アラバマ州からケベック州にかけて生育している背の高い繊細なユリだ。1620年頃にカナダへ入植したフランス人によって発見され、ヨーロッパへもたらされた最初の北アメリカのユリである。

リー・クロエルによれば、「本当に青いユリは最初から育種家たちの聖杯だった」[5]。花は扁平なものもあればトランペットや釣鐘、あるいはカップのような形をしたものもあり、上を向いているものもあれば、タークスキャップと呼ばれる花弁が反り返った花が下向きにぶら下がるものもある。これらはみな、突き出した雌しべとそれを取り囲む6本の雄しべで構成される独特の生殖器系をもち、雄しべにはそれぞれ褐色か黄色の花粉が入った大きな葯がひとつついている。葯は雄しべの上でくるりと回り、昆虫や鳥、あるいは風で花粉が最大限に散布されるようになっている。茎の高さは20センチから2・4メートルまでさまざまだ。葉は広いものもあればイネ科の草のように細いものもあり、すべて茎にそって生え、輪生している場合もある。原種のユリ、つまり野生あるいは自生のユリは、北極圏のようなはるか北の地や、フィリピン、南インドのようなはるか南の地でも見られるが、大半は北半球の温帯、おもに東アジアと北アメリカ西部、少数がヨーロッパと北アメリカ東部に分布している。原種のユリは大部分がトランペット形かタークスキャップ形の花をつける。DNAの調査から、異なる国の少なくとも3つの事例で、このふたつのタイプは独立して進化したことが明らかになっている。[6]

デイリリーはヘメロカリスとも呼ばれ、その属名 *Hemerocallis* は「日中の美」という意味のギリシア語に由来する。最初はユリ科の属と考えられていたが、現在はそれ自体の科 Hemerocallidoi-daceae（ワスレグサ科）を構成している。花弁が6枚のユリに似た花をつけるが、フリル咲きやスパイダー咲きのものもある。何本も立ち上がる花茎は高さ90センチに達することもあり、その上につく花は大きいときは直径13センチにもなる。デイリリーは鱗茎ではなくクラウン（そこから根や茎、花が成長する接合点）ができる。その名の通り個々の花は1日しかもたず、大多数が日中ずっと開花し、一晩中咲いているものもある。その24時間の美しさにはせめてもの救いがある。1本の花茎に蕾（つぼみ）がいくつもつき、ひとつの株から花茎がたくさん出るので、開花期が何週間も続くのだ。アジアに自生し、16世紀にヨーロッパにもたらされて、ヨーロッパ大陸にも北アメリカにもすっかり広まった。今日知られているデイリリーはほとんどがワスレグサ（*Hemerocallis fulva*）の変種である。どこにでもある植物で、オレンジ色の花を咲かせ、太った根茎から成長し、革ひものような葉が長期間続く茂みを形成する。雑草のようになることもあり、地域によっては「ディッチリリー」と呼ばれる侵入種として不名誉な扱いを受けてきた。しかし、1877年のイギリスで始まって大

スパイダー咲きのハイブリッド・デイリリー 'Bali Watercolour'。交配者：パトリック・スタミール、栽培者：マイケル・バウマン。

ハイブリッド・デイリリー 'Top of the Morning'。交配者：オスキー・ホワトリー、栽培者：マイケル・バウマン。

オレンジデイリリー、ワスレグサ（*Hemerocallis fulva*）を描いた中国の絵画、1813～40年。

変な勢いでアメリカへ広まった交雑の手法を用いる育種家たちのおかげで、非常に魅力のある園芸植物という評判を回復した。1924年には中国でワスレグサの鮮やかなピンク色をした変種が発見され、さまざまな色の品種を作り出せる可能性が大いに高まった。10年後、業界の伝説的な育種家A・B・スタウトが、初の本当に赤いデイリリーセロンを作り出した。デイリリーは、トゥルーリリーの貴族のような評価を得ることはなかった――植民地時代のアメリカでは「ウォッシュハウスリリー（洗濯場のユリ）」と呼ばれた――が、現代の交配技術のおかげで驚くほどさまざまな色や形のものが生み出されている。1946年に設立されたアメリカ・ヘメロカリス協会はどんどん規模が大きくなり、現在では8000名の会員を擁し、オーストラリアからジンバブエまでさまざまな国の生産者も会員になっている。育成者が新しい園芸品種の特性を確実なものにするのに6年かかるが、その結果、際立って美しいものが得られると――そしてそれに対する需要が続けば――努力は報われる。デイリリーの園芸品種はおよそ5万種類開発されており、最初はたったひとつの色と形しか知られていなかった植物にしては、じつにたいした多様性である。

リリー・オブ・ザ・バレーと呼ばれるスズランは北半球の温帯地域原産で、イタリアからラップランドまで自生し、北アメリカに帰化した。この小さな属は最初はユリ科に入れられていたが、スズラン科（Convallariaceae）とされ、ラテン語で谷を意味する *convalaria* にちなんで命名された［スズラン属は現在ではキジカクシ科に入れられている］。かつてはウッドリリーと呼ばれ、16世紀中頃にイギリスの庭に持ち込まれたが、ギリシアやローマの文献からもっと印象の強い植物を再発見して

スズランの束。

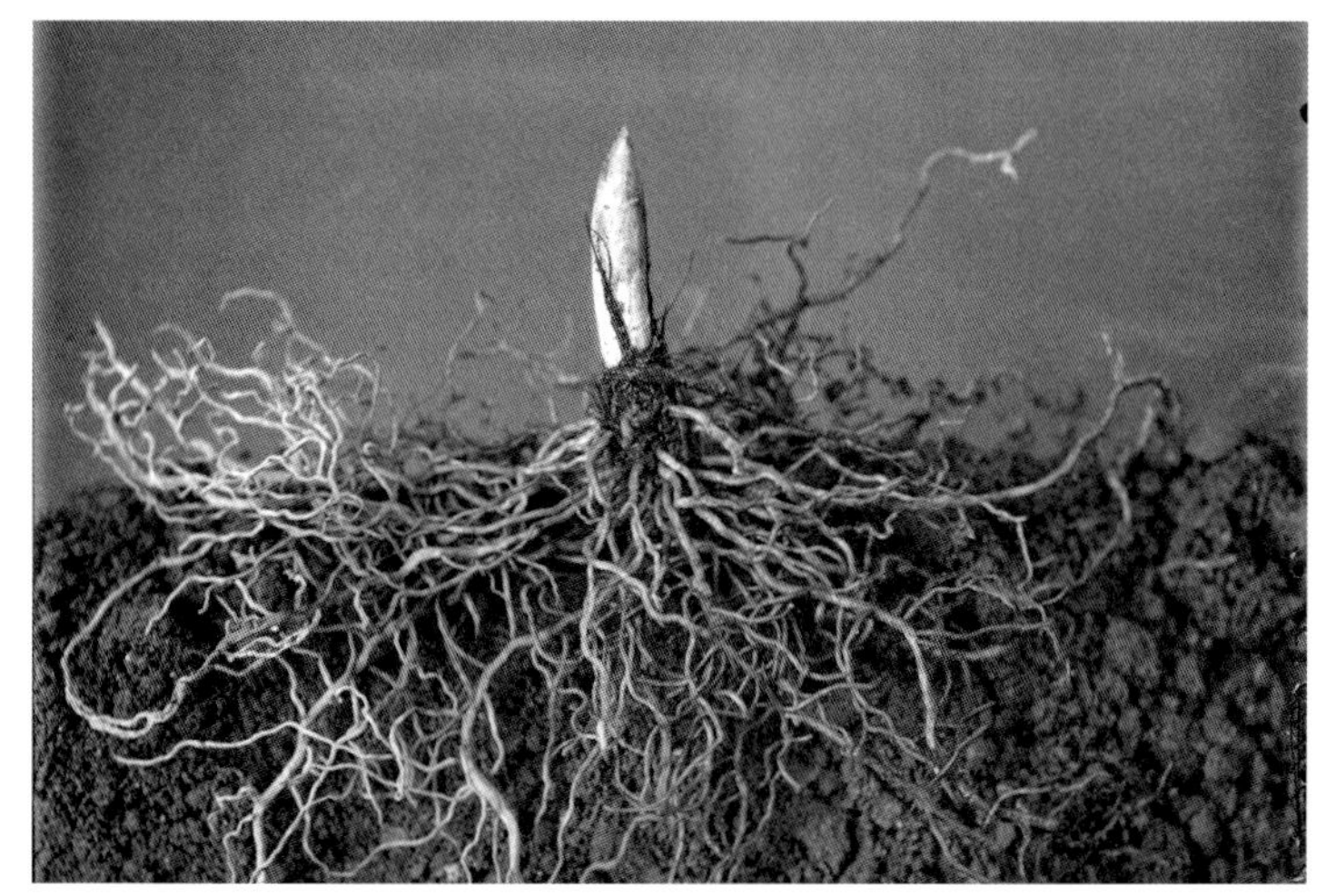

ジャック・ボワイエ、スズランの芽、写真、1910年頃。

スズランを売るパリの行商人、1912年、フランス全土で見られる5月1日の伝統行事。

いたルネサンス期の植物学者たちからは無視されることが多かった。スズランは背が低く地下茎で広がり、目立たない植物かもしれないが、小さな花が群生する様子は何世紀にもわたって人々を魅了してきた。エリザベス1世時代の人々はピンクや赤の花を咲かせる珍しい種類を集めた。もっとも重要な種であるドイツスズラン（*Convallaria majalis*）は5月を表すラテン語*maius*にちなんで命名され、この時期に、幅広の葉の谷間から立ち上がった小さな花茎に、縁が上に反った白い釣鐘状の花がつく。イギリスでは聖霊降臨祭のときに摘まれ、フランスでは今でも5月1日に幸運のお守りとして売られている。この植物は食べると有毒だが、昔の本草書では、ワインに入れて蒸留し、さまざまな病気の治療に使うよう勧めている。

カラーリリーはアルムリリーとも呼ばれ、植物学的にはオランダカイウ属（*Zantedeschia*）とされる。ザンテデスキアと呼ぶガーデナーはほとんどおらず、属名はこの植物の原産地や構造的特徴とはあまり関係ない。ヨーロッパへは1731年に南アフリカ、おそらくインドネシアとの交易ルートの途中寄港地だった喜望峰のオランダ人入植地からもたらされたのだろう。リンネが1753年に「カラー」と命名したが、ほかの植物と混同されることを理由に何度も変更された。1世紀近くたった1826年に、イタリアの医師で植物学者のジョヴァンニ・ザンテデスキ（1773～1846）をたたえて*Zantedeschia*という属名が提案された。サトイモ科（Araceae）の属で、8種を含み、地下茎が肥大し、花は目立つ肉穂花序に仏炎苞が巻きついて花瓶のような形をしている。白いオランダカイウ（*Z. aethiopica*）は19世紀に人気のあった花で、第7章で論じるように、20世紀初頭には絵

ロバート・メイプルソープ、《カラーリリー》、1986年。この写真のほか、もっとわかりやすくカラーリリーの男根に似た肉穂花序に焦点を当てたメイプルソープによる写真が、議論を呼んだ1989年の展覧会「ザ・パーフェクト・モーメント」に出品された。

ロズリンとロバート・ケイ夫妻の庭のカラーリリー、シュシャン、ニューヨーク州、息子のジェームズ・ケイを追悼して植えられた、2011年。

スイレン 'Black Princess'。

画や写真の性心理的題材として流行した。これはもっともよく知られているカラーリリーだが、ほかの色の小ぶりな交雑種がいくつも開発されている。

ウォーターリリー、すなわちスイレンは、長い画家人生の後半にこの花を題材に多くの絵を描いたクロード・モネのおかげで、美術界においてとりわけよく知られた花になった。スイレン科に属し、ギリシア神話の水のニンフとのつながりを考えれば、Nymphaeaceae（スイレン科）というのはこの花にふさわしい名前である。だが、モネが興味をそそられたのは神話ではなく、ジヴェルニーの庭にあるスイレン池で見られる水と光のたわむれだった。庭師のひとりはスイレンの世話のほか何もせず、毎朝、しおれた花を取り除き、注意深く配置されたスイレンの浮葉のほこりを払った。[7] モネは、普通の白と黄色の自生種に限らず、アジアとアフリカの種から雑種を作った栽培家と協力して、エキゾチックな色をしたスイレンを取り入れた。

自身のスイレンの庭にいるクロード・モネ、ジヴェルニー、1915 ～ 20年頃。

ヘルシンキの植物園にある巨大なオオオニバスの葉、2005年。1837年にアマゾン川で発見されたこの熱帯植物は、今では世界各地で栽培されている。その葉脈の模様は、19世紀のロンドンで水晶宮の鉄とガラスのデザインを思いつくきっかけになった。

19世紀中頃の植物学に興奮を巻き起こしたのがオオオニバス（*Victoria amazonica*）で、1837年に南アメリカで発見され、ヴィクトリア女王をたたえて命名された。1849年にジョゼフ・パクストンがイギリスの温室で花を咲かせることに成功し——この偉業によりナイトの称号を受けることになる——、葉脈が互いに連結した強靭な網目構造からヒントを得て、1851年にロンドンに建設された水晶宮の鋳鉄製の支柱構造をデザインした。独特なDNA配列をもつスイレンは、ほかのリリーと呼ばれる植物のどのグループとも類縁関係がない。最初の雑種スイレンは、1850年代に北ヨーロッパの冬に耐えるように育成された熱帯性スイレンである。今日では、スイレン科にはスイレンの種と園芸品種がおよそ1900あり、どんな画家でも自分のパレットに合うものを見つけられるだろう。ロータスとスイレンはしばしば一緒のグループに入れられるが、セイクリッドロータスと呼ばれるアジアのハスは植物学的に別の科であるハス科（Nelumbonaceae）に属す。さらにまぎらわしいことには、古代エジプトの神聖な花であるブルーロータス（*Nymphaea caerulea*）はスイレンの仲間である。モネは、ロータスを何種類か池に入れようとしたが、うまく育たなかった。[8] 今日栽培されているスイレンの大半が熱帯原産だが、イエローポンドリリー（セイヨウコウホネ）は、北半球のいたるところで普通に見られる。これはスイレン科のもうひとつの属であるコウホネ属（*Nuphar*）の植物で、ヨーロッパ、西アジア、北アメリカに分布し、アメリカ先住民の伝説でたたえられている。

◉近縁の植物

ほかにもリリーという名前がついた植物がたくさんある。植物学的にユリ属と近縁のものもあれば、偶然似ているだけのものもある。もっとも近縁な3つの植物は、多くのユリ属の植物と同じように東アジア原産である。ヒマラヤのジャイアントリリー、すなわちヒマラヤウバユリ（*Cardiocrinum giganteum*）は高さ4メートルに達することがあり、幅が15センチもある白いトランペット形の花を咲かせる。強い影響力をもつイギリスの庭園デザイナーで、植えるべき植物について明確な考えをもっていたガートルード・ジーキル（1843～1932）によれば、多年草花壇の奥に堂々と立つこの植物はイングリッシュガーデンに最適なユリだという。ノモカリス（*Nomocharis*）は、花弁にフリンジがあり、斑点があって花の内側奥の部分が濃い色になっているというふたつの特徴的な違いがあることを除けば、ユリ属とじつによく似ている。ノトリリオン（*Notholirion*）はミニチュアのユリのようで、1本の茎にそって小さな漏斗状の花を多数つける。ユリの球根はたいてい次の生育期まで生きているが、ノトリリオンの場合は開花するとその球根はだめになり、小さな子球を作って次世代につなぐ。

◉ただの友だち

フェイスブックの人気のあるページのように、ユリにはたくさん友だちがいる。ウォーターリリ

ジョン・ラスキン（1819 ～ 1900）、《オックスフォードの野のユリ（*Drosida aelfred*）》、1871年以前、水彩のスケッチ。ラスキンは「アルフレッドの露の花」と呼んでいるが、このユリ科の植物はコバンユリ（*Fritillaria meleagris*）としての方がよく知られており、スネークヘッド・フラチラリーという英名は花弁の格子模様がヘビのうろこに似ていることからつけられた。

「グロリオーサ」（フレイムリリー）、1650年頃のムガールの画集より。

ー（スイレン）やカラーリリーのように、リリーという名前がついているが、ユリと植物学的なつながりがほとんどないか、まったくないものだ。これらのいわゆるリリーの多くがユリに似た花をつけるが、地上部も地下部もユリ属とはまったく違った様子をしているものもある。少し名前を挙げただけでも、カンナリリー（カンナ）、アフリカンリリー（アガパンサス）、スパイダーリリー（ヒガンバナ）、トラウトリリー（北アメリカのカタクリ）、フォックステールリリー（エレムルス）、ピースリリー（スパティフィルム）、ブラッドリリー（マユハケオモト）、カフィアリリー（クンシラン）、フレイムリリー（グロリオーサ）、プランティンリリー（ギボウシ）、そして南アフリカ原産のベラドンナリリー（ホンアマリリス）がある。最後のは野外の植物で、よくクリスマスプレゼントにされる、大きな球根から室内で花を咲かせる南アメリカからやってきたヒッペアストルム（*Hippeastrum*）（アマリリスと呼ばれる）ではない。ベラドンナはユリに似た花とスイセンに似た葉をもち、17世紀初めには「リリオ・ナルキッスス」とされた。ヒマラヤ山麓原産のブードゥーリリー（コンニャク属の植物）の奇妙な名前は、ヒマラヤ地方の乾燥した春に適応した、水がなくても成長して開花さえする不気味な能力からきているようだ。

ミノア文明の「ユリの王子」、紀元前1550～40年、回廊の壁画、クノッソス、クレタ島。

第2章 氷河時代から現代まで――ユリのきた道

遠い昔から栽培され採集されてきた繁殖力の強いユリ属（*Lilium*）には、今日咲いているあらゆる花のうちでもっとも長い園芸の歴史があるかもしれない。現在の庭にある多くの原種や交雑種は、地中海地方、中東と極東、北アメリカにルーツをもつ。家長はマドンナリリー（*L. candidum*）で、その起源はおそらくバルカン諸国にあり、もしかすると氷河時代より前かもしれない。[1] 栽培の歴史ははるか紀元前1550年頃までさかのぼることができ、その頃、ギリシアのクレタ島で20世紀初頭に発見されたクノッソス宮殿のミノア文明の壁画に登場した。トランペット形をしたこの花の絵は、ミノア文明の陶器や宝飾品、古代エジプトの墓、紀元前7世紀のアッシリア（現在のイラク）の浅浮彫りでも発見されている。ペネロピ・ホブハウスは『庭園史における植物 *Plants in Garden History*』で、「樹木を別にすれば、マドンナリリーはアッシリア美術のモチーフのうちでもっとも識別可能な植物である」[2] と述べている。ギリシア人はこの植物をクリノン・バシリコン、つまり「王のユリ」と呼んだ。ローマ人はマドンナリリーを栽培し、ウェルギリウスが「輝く」あるいは「純

ユリが描かれたミノア文明の陶器、紀元前1400～紀元前1375年。

ユリを手にもつフェニキアの戦士、紀元前8世紀、古代イラク、家具にはめ込まれていたと思われる象牙細工。

白の」という意味のカンディドゥム（*candidum*）という名前をつけた。マドンナリリーという名前が使われるようになったのは19世紀になってからだが、キリスト教はもちろんユダヤ教ともつながりがある。今でもイスラエル、ガリラヤのカルメル山に自生しており、種苗業者のカタログの中には先の尖った6枚の花弁をダビデの星にたとえているものもある。

ユリは古代ローマの非常に発達した園芸術を実践するうえで欠くことのできない植物だった。ほかの花と同じように、食料、医薬、神への供え物にするためや、家を飾るために使われた。生花の花輪が神像にかけられ、皇帝の通り道に投げられ、宴会場に山ほど飾られた。香りのよいユリがとくに好まれ、あたりを芳香で満たした。ポンペイの住宅跡やペリスタイルの庭（列柱で囲まれた中庭）の柱で発見されたように、個人の建物の壁にもユリが描かれていた。ローマ人は、ほかの花や野菜と同様、湯で暖かくした建物の中で季節外れのユリを育てる方法を考え出した。当時としては驚くようなこの技術を批判するストア哲学者もいた。セネカは『道徳書簡集』の中で、「冬にバラの花を求めたり、あるいは温水暖房装置を用い、また太陽熱を適当にあんばいして、春の花である百合の花を無理して冬至に咲かせる人たちも、自然に反して生きるのではありませんか[3]」（『セネカ道徳書簡集』、茂手木元蔵訳、東海大学出版会）と批判している。ローマ人は帝国のあらゆる地域にマドンナリリー（*L. candidum*）を広めた。軍隊は常設の駐屯地の近くに植えて、食料と湿布剤のための球根がいつでも手に入るようにした。湿布剤はたいてい獣脂と混ぜて、ウオノメの治療に使われた[4]。ローマ人のサンダルはそれほど快適ではなかったようだ。

ユリ属にはほかにも多数の種があるが、西洋ではまだ知られておらず、恐れを知らぬ旅人たち

——船乗り、巡礼者、宣教師、商人、学者——が新世界や東洋へ到達するまでそれは続いた。ヨーロッパは暗黒時代に入り、ローマの革新的な造園技術を文字通り地中に埋めてしまったが、園芸学と植物学は中国、日本、中東で発展し続けた。110種あるユリ属の植物の半分近くは中国生まれで、世界のほかのどの国より多い。[5] ジャック・グッディが『花の文化 *The Culture of Flowers*』で説明しているように、中国の園芸学は「ほとんどギリシアのそれに匹敵し……何世紀もの間、世界のほかの国々よりまさっていた」。[6] そして、古代ギリシア・ローマの植物学に関する文書は、失われるか、修道院にいる人を除き中世ヨーロッパの大多数の人々には読めなかったが、イスラム世界の学者たちがアラビア語に翻訳し、早くも8世紀には東洋の読者の手に届いていた。その頃エジプト、アッシリア、ペルシア、バビロンを支配下に置いていたアラビア人は、これらの古代文明の庭園文化を受け継いでいた。もともとは中央アジアにいたトルコ人は中国やインドの文化との接触もあり、これらの国から来たユリなどの植物はオスマン帝国にも生えていた。そして帝国の支配は16世紀には東ヨーロッパのハンガリーまで及んでいた。西洋世界がようやく無知の長い冬から目を覚まし始めたとき、園芸学の春へと導いたのはイスラムの知識だった。

西洋の園芸学は、ほかの多くの分野の知識と同様、ルネサンス期に復活し始めた。グーテンベルクの印刷機の発明（1439年頃）により、植物と花に関する本が世間から隔離された中世の修道士の世界以外にも届くようになり、新世界が発見されるとアメリカ大陸の植物がヨーロッパへ届き始めた。北アメリカから最初にもたらされたユリのひとつがカナダリリー（*L. canadense*）で、1620年頃にフランス人入植者が送った。繊細な釣鐘状の花をつけ葉が輪生する背の高いユリで、ケベック州とアラバマ州の湿地草原や茂みに自生している。スペインやオランダとの貿易により、ほかにも多くの種類が北ヨーロッパに到来した。そしてスペインは、ヨーロッパ人によるアメリカ探検に道を開いただけでなく、ムーア人に占領されていた間に豊かな園芸学の知識を受け継いでいた。

北ヨーロッパとイスラム世界の間の文化の壁は、16世紀にベルリンの壁と似た運命をたどった。1453年にコンスタンティノープルがトルコ軍の手に落ちてから100年以上たって、ウィーンに都を置く神聖ローマ皇帝はオスマン帝国と外交的接触を果たした。神聖ローマ皇帝の大使として1554年から62年にコンスタンティノープルに派遣されたオージェ・ギスラン・ド・ブスベックは、トルコの庭に咲いている花を見て大いに驚いて球根を持ち帰り、それがヨーロッパの収集家たちの間で広まった。東洋の帝国からやって来た花の種類の多さは、トルコがエデンの園のあった場所だという現代の説に裏付けを与えるように思える。イギリスの著名な植物学者ウィリアム・スターンは次のように述べている。

16世紀後半ほど色とりどりの変わった植物が驚くほど大量にヨーロッパの庭へ流入したことはあとにも先にもなく、コンスタンティノープルから輸入された望み薄のタマネギのような球根やでこぼこの塊根から、チューリップ、ヨウラクユリ、アイリス、ヒヤシンス、アネモネ、ターバンラナンキュラス、スイセン、ユリが芽を出した。[7]

赤いマルタゴンリリーの縁取りのある絵、『トルコ人に関する短報』（1618年頃）より。タークスキャップとも呼ばれるマルタゴンは、トルコ人のターバンに似ていると考えられていた。

よく知られているように、チューリップが大いに人気を博して、1630年代にオランダでチューリップ狂と呼ばれる激しい投機と財政破綻の原因になった。しかし、非常に人気のあるユリもいくつかトルコ帝国からやってきた。ターキッシュリリーともよばれるクラウンインペリアル、すなわちヨウラクユリ（*Fritillaria imperialis*）は、その到来に道を開いた神聖ローマ皇帝にちなんで命名された。また、ユリ属のいくつもの種が、反り返った花弁がターバンに似ていると考えられて、タークスキャップと呼ばれるようになった。マルタゴンとも呼ばれる。マルタゴンはヨーロッパのそのほかの地域、アジア、北アメリカでも見られるが、もっとも人気のあるスカーレットタークスキャップ（*L. chalcedonicum*）は、トルコと歴史的なつながりがある。コンスタンティノープルの対岸にあるカルケドン地方にちなんで命名されたが、この都市のもともとの名前にちなんでビザンチウムリリーとも呼ばれた。しかしさらに早い時期にキリスト教とつながりがあったのかもしれない。19世紀の聖書学者の中には、山上の垂訓で「主がいわれた植物なのはほとんど間違いない」と考える人もいた。一般に思われているつつましやかな白いユリには程遠いこの派手な赤い花が、イエスが「栄華を極めたソロモンでさえ、この花の一つほどにも着飾ってはいなかった」（「マタイによる福音書」6章29節）といったときの花なのかもしれないと、彼らは思ったのである。[8]

スカーレットタークスキャップは、多くの文化に多大な影響を与えた。17世紀初めのインドのイスラム美術にも登場する。1630年代にタージ・マハルを建てたシャー・ジャハーンが、愛する妻への贈り物として赤いマルタゴンの見事な細密画を描かせた。[9] この植物は、この素晴らしい建物の中にある彼の記念碑にも登場する。また、何千年も前に、スカーレットタークスキャップは原始的な宗教儀式のシンボルだった。20世紀の考古学の発見により、この花が古代ギリシアのミノア文明の宗教儀式とかかわりがあることがわかった。クレタ島の北にあるエーゲ海のサントリーニ島で、この濃い赤色のユリの壁画全体がばらばらの状態で発掘されたのである。紀元前1500年頃の地震と火山噴火――有史以来最大といってもいい噴火――によってほとんど破壊されてしまったこのフレスコ画は、集められて現在はアテネの国立博物館に展示されている。印象的な形をした岩の上に生える、蕾と花の両方がついた赤いユリの輪郭を描いた独特の表現である。[10]

　ヨーロッパの商人が中世のシルクロードを通って東アジアにやってきていたが、植物が陸路の旅に耐えるのはまれで、こうした困難な旅の目的はスパイスだった。16世紀にポルトガル海軍の探検により中国との交易が開かれたのに続き、17世紀にオランダの船が台湾に到達した。オランダ東インド会社は、東洋のさまざまな宝物とともに、新たな植物の見本をたいてい球根か種子の形で持ち帰った。花を咲かせるまでに成長すると、心を動かされた裕福な商人や庭園の所有者は、花の絵やイラストの制作を依頼し、それを見たオランダ人は初めて目にする植物に驚いた。同時代のほかの国のカトリック教徒たちとは異なり、オランダのプロテスタントの画家たちは、花の絵を非宗教的な構成とほとんど科学的ともいえる正確さで描いていた。アンブロジウス・ボスハールトによる《ワン・リー花瓶と花の静物》（1609～10）に描かれた豪華な花束の、さまざまな種類の花の一番上に1本の白いマドンナリリーが見える。ボスハールトの絵にある花の多くが今日では大変馴染みのあるものだが、この交易と発見の時代には、中国の花瓶と同じようにエキゾチックなものとみなされていた。よく見かけるオレンジ色のデイリリー（*Hemerocallis fulva*、ワスレグサ）は現在ではニューイングランドの田舎道にもとからあったように生えているが、16世紀に中国からヨーロッパへもたらされたものである。ゼラニウムやペチュニアのようなよく見かけるものも含め、今日、西洋の庭で繁殖しているほとんどすべての花が、16世紀から19世紀の間に世界のほかの地域から持ち込まれたものである。1500年にはイングランドにおそらく200種類の栽培植物があったが、1839年には1万8000種類になった。そしてこのとき、偉大なユリの収集家たちの時代はまだ始まってもいなかったのである。[11]

●東アジアでの宝探し

ヨーロッパの収集家たちは、19世紀から20世紀初頭まで、東アジアでユリの宝箱を完全には開けていなかった。発見されて大いに人気を博した最初のものがオニユリ（*L. lancifolium*）で、1804年にウィリアム・カーが広東（現在の広州）からロンドンのキューガーデンへ送った。これはタークスキャップリリーで、葉腋に小さな黒いむかごを形成し、このため簡単に増殖できる。中国人は、その下向きの姿と反り返った花弁をかわいらしく擬人化して「頭を向けて子どもを見る花」と表現した。[12] しかし、日本人はこの花をまったく違ったふうに見た。日本語の名前はオニユリつまり鬼百合で、そのオレンジ色はタイガーリリーという名前の説明になるかもしれないが、斑点のある花弁はむしろヒョウ（紫色の斑点のあるヒョウだが）を思わせる（カリフォルニア州で見られるタークスキャップの種でパンサーリリー〔*L. pardalinum*〕というのもあり、これにも斑点がある）。

チョウがとまるオニユリ。各葉腋に黒いむかごができている。

「イースターリリー」、ヴィクトリア時代の花屋の店員のイラスト、『ハーパーズ・ウィークリー』（1892年）より。もともとは日本から来たこの白いトランペット形のユリは、1880年代にバミューダで盛んに生産され、イースター用に広く販売された。

いくつかのオレンジ色のユリは、もっと早く登場した。中央ヨーロッパ原産の *L. bulbiferum* が、南オランダの画家フーゴー・ファン・デル・グースがメディチ家に依頼されて描いたポルティナーリの祭壇画《羊飼いの礼拝》の細部に非常に写実的に描かれている。このユリの名前は、オニユリの場合と同じように葉腋に生じるむかご（bulbil）にちなんでつけられた。変種 *L. bulbiferum* var. *croceum* の評判は、その人の政治的立場によって異なり、不評を買うこともあった。なぜなら杯状の赤橙色のユリが、1691年にプロテスタントのオレンジ公ウィリアムがジェームズ2世を支持したアイルランドのカトリック教徒に勝利したことを祝う、オレンジ党勝利記念日の重要な花になったからである。都合のよいことにこのユリは、北アイルランドで毎年7月12日に行われるパレードのときに咲いている。[13]

シカゴの通りで販売されるイースターリリー、1941年。

ユリはイギリスの植民地政策を追うように広まった。18世紀中頃、収集家たちが多くの新しい花をアメリカの植民地から母国のイギリスへ送り、その中に*L. superbum*もあった。ニューハンプシャー州からフロリダ州やアーカンソー州でスワンプリリーとしてよく知られているこのユリは、3メートルという驚くような高さになり、1本の茎に40個もマルタゴン形の花がつくことから、素晴らしく立派（スーパーブ）な植物とみなされたのである。バミューダリリー（*L. longiflorum*、テッポウユリ）はその熱帯風の名前にもかかわらず、カリブ海で栽培されているほかの多くの植物と同様、西インド諸島原産ではない。今日ではイースターリリーとしてよく知られており、スウェーデンの植物探検家カール・ペーテル・ツンベルクにより1776年に日本南部の琉球諸島で発見され、1819年にイギリスへ送られた。1853年にイギリスの宣教師たちがそれをバミューダへ持っていき、1880年代後半にはそこで完全に商業的に生産されていた。球根は旅を続け、まずフィラデルフィアへ行き、それから日本に戻り、アメリカ西海岸へ行ってそこから世界の花卉(かき)市場へ広まった。それはみな、バミューダを訪れたアメリカ人、トマス・サージェント夫人から始まった。彼女は花を愛し、球根をいくつかフィラデルフィアの自宅へ持ち帰った。そして一部を地元の種苗業者ウィリアム・ハリスに分け、彼が促成栽培で春に花を咲かせてイースター休暇用に花屋へ販売することを始めたのである。1898年にウイルスが原因でバミューダで生産できなくなり、球根生産は日本へ移り、第二次世界大戦が勃発するまで続いた。戦後、カリフォルニア州とオレゴン州の生産者が大規模に生産するようになり、この白いトランペット形のユリをイースターリリーとして市場に出した。現在、鉢植えのイースターリリー用に世界で生産されている球根の95パーセントを彼らが生産している。[14] 1990年代の初めからイスラエルもイースターリリーの変種を生産しているのを知ったら、聖書の読者は喜ぶかもしれない。[15] 従来のイースターリリーは白いものしか出回っていなかったが、今ではさまざまな色のものが生産されている。

西洋に社会現象ともいえるユリ人気をもたらしたのはイースターリリーが最初ではない。それより前に、やはり日本からやって来たユリが、収集家だけでなく一般のガーデナーにも興奮を巻き起こしたことがある。日本は何世紀にもわたって外国人の入国を制限していた。日本本土への上陸に最初に成功した収集家は医師で科学者のフィリップ・フランツ・フォン・シーボルトで、それまでにない種類のアヤメ、アジサイ、サクラ、ギボウシ、ユリなど、今日よく知られている多くの園芸植物を紹介した。1830年に彼は、今でも人気のある花弁の縁が波打った華やかなカノコユリ（*L. speciosum*）をドイツへ送った。それは2年後にイギリスにやってきた。この19世紀最大の大国が日本に到達するのは数十年後、マシュー・ペリー提督が日本に外国船に対して港を開かせた1853年よりあとのことである。その頃にはウォードの箱（密閉された携帯用のガラス箱）が発明されていて、長い航海で種子や球根だけでなく生きた植物も輸送できるようになっていた。1862年にイギリスの植物商ジョン・グールド・ヴィーチが、ユリの女王と呼ばれるようになるヤマユリ（*L. auratum*）を母国に送った。そのラテン名が示しているように、花弁には明るい黄色の筋が入っている［*auratum* には「黄金の」という意味がある］。このユリはよい香りがして、中国人は何世紀も前から「天香」と呼んで栽培していた。[16] その美しさ――直径30センチある椀状の花に深紅の斑点と黄色い筋が入っている――は、西洋の園芸界に興奮を巻き起こした。園芸家たちは競ってイギリスやアメリカの市場に出し、1862年にロンドンで開かれた王立園芸協会のショー、そしてわずか10日後にマサチューセッツ園芸協会で紹介した。[17] その結果、ユリ狂時代といってもよい状況になった。この目を見張るような花を迎えた熱狂は、1879年に書かれたある英語の園芸ガイドでよくわかる。

ほんの数年前に金色の筋が入った女王（Auratum）が驚くべき輝きを放ちながら我々の前に現れて以来、ユリ栽培は大きな刺激を受けてきた。その途方もない大きさと花数、強い香り、エレガントで優美な色、純白の地に入った装飾の豊かさ、そしてこの植物全体の堂々とした様子が、園芸家だけでなく一般の人も含むあらゆる人々の心を揺さぶり虜にした。

その日以来、ユリの球根を日本が何万個も送ってきただけでなく、アメリカの東部からも西部からも送って大きく貢献した。インド、シベリア、コーカサスなどがそれぞれの割当量を供給し、10年か20年前なら指を折って数えるほどしかいなかったユリの栽培者が、今では何千もいる。[18]

ヴィクトリア時代の人々は異国風のものを愛した。ヤマユリがもたらされたときすでにジャポニスムの真っただ中にあり、人々は西洋に流入してくる日本のものをすべて収集しようと血まなこになっていた。そこにもうひとつ高い収集価値のある美しいものが現れたのだ。それも、毎年、花が咲いて自分で繁殖できるものが。ヴィクトリア時代の東方趣味の画家ジョン・フレデリック・ルイスは、1850年代に異国情緒と謎に満ちたカイロとイスタンブールの水彩画で名声を確立していたが、珍重されていた日本のヤマユリに注目した。1871年に彼は、東洋の衣装を着て庭でユリを摘むハーレムの女性とその侍女の絵を描いた。刺激的なテーマであるが、この絵のタイトルはたんに《Auratum》となっている。この花がイギリス国民に紹介されてから10年近くたっていたが、その名前はまだタイトルとして使えるほどインパクトがあったようだ。女性たちは混血の容貌をしており、日本人ではなくイギリス人のモデルを使ったと思われる。だが、花は徹底して正確に描かれていて、間違いなくヤマユリである。

しかし、このエキゾチックで高価な花に対する非常に大きな需要が、あやうく命取りになるところだった。『花の西洋史』［白幡洋三郎・白幡節子訳、八坂書房、1989年］の中でアリス・M・コーツが明らかにしているように、ヤマユリにひどい病気が流行し始め、「需要に応えて日本人が急いで育てた……太った軟らかい栄養過多の球根はすぐに病気の犠牲になり、ユリ類全体の評判を落とした」[19]のである。ユリ科の評判は、20世紀初めの偉大な植物収集家アーネスト・ヘンリー・ウィルソン（1876～1930）のおかげで回復した。チャイニーズ・ウィルソンと呼ばれるようになるこの恐れを知らない旅行家は、中国が「庭の母」であることに気づき、およそ2000種の植物を西洋に紹介したとされている。その中には今日、庭で育てられている非常によく知られたユリもある。23歳で旅に出た彼は、イングランドのヴィーチ商会とマサチューセッツ州ボストンにあるハーバード大学のアーノルド植物園のために6回のアジア探検をした。そして1903年の旅で金を掘り当てた。新しい高貴なユリ、リーガルリリー（*L. regale*）を発見したのだ。彼は四川省西部の荒野で、トランペット形の美しい花――1本の茎に内側が白く外側が紫の花を10個以上つける――を見つけた。その場所についての彼の詩的な記述に、発見のときの恍惚とした感じが表れている。

広大な揚子江を西へ2900キロ進み、それから支流の岷江を北へさかのぼると、とどろく激流が流れ下り、峰々が万年雪でおおわれ粘板岩と花崗岩でできた山々に囲まれた、半乾燥気候の谷に、リーガルリリーの自生地がある。

夏の暑さはものすごく、冬の寒さは厳しい。そしてどの季節にも谷では突然猛烈な暴風が吹き荒れ、人も動物もそれに逆らって進むことはできない。そこでは、6月には、道端、激流のふちにある岩の割れ目、山腹や絶壁の高みで、満開になったこのユリが疲れた旅人を迎えてく

れる。ふたつやみっつではなく、何百、何千、そう、何万もある……[20]

しかし、発見の興奮からまもなく大変な不運に見舞われる。ウィルソンが最初に集めた球根は船倉で腐り、1910年にもっと球根を採るため人里離れた岷江の渓谷を再び訪れたときにはあやうく命を落としそうになったのだ。岩石なだれで脚を押しつぶされたが、カメラの三脚を添え木にしてなんとか固定し、文明世界に送り返されて、非常に危険な切断手術をしなくてすんだ。このけがにより彼は生涯、足を引きずりながら歩き、それを自分で「リリー・リンプ」と呼んだ。事故にあいながらもなんとか球根の荷をアメリカへ送り、そこで栽培に成功した。現在ではこのリーガルリリーの導入は、20世紀の植物導入の中でもとりわけ重要なものと位置づけられている。20世紀前半にほかに何人もの収集家が中国を探検して、別の重要な種を多数持ち帰った。フランク・キングドン゠ウォードが1946年にシロイリリー（*L. mackliniae*）を発見したとき、彼はアメリカ空軍のためにビルマで墜落したアメリカの飛行機を捜索していて、偶然、種子をつけた面白い姿のユリを手に入れた。うれしいことに、2年後にイギリスで開花し、釣鐘状の変わった花をつけた。[21] 一方、現代のユリの収集家たちも冒険をしている。自生種の目録を作成しているワシントン州の種苗会社B&Dリリーズは、マリファナ栽培者の天国であるカリフォルニア州北部とオレゴン州の境で珍しい*L. occidentale*の写真を撮っていたとき、ちょっと変わった経験をした。

マリファナ栽培者を探しているDEA（麻薬取締局）の飛行機が、我々の上を低空飛行しつづけた。我々が立ち上がってカメラを高く持ち上げると、パイロットは翼を振ってみせて南へ飛び去っていった。カリフォルニア州北部の干上がった沼でマリファナを栽培するつもりなら、空から見えるくらい大きなカメラバッグをもっておくことだ。[22]

◉野生のユリから栽培品種を作る

第二次世界大戦の頃にはユリの探検家たちの全盛期が終わり、交雑種のユリの時代が始まろうとしていた。〝チャイニーズ〟・ウィルソンやそのほかの人々がアジアから新種をたくさんもたらしていたが、ユリを自生地から移植するのはつねに危険な作業で、普通のガーデナーたちはたいてい、これらの高価な外国の植物が繊細で気難しく特殊な条件を要求することを思い知ることになった。何世紀も前から育種家たちは異なる種のユリを組み合わせて種類を増やし、耐寒性と耐病性を高めようとしてきた。花の雑種作出の技術は18世紀初めに確立されていた。トマス・フェアチャイルド（1667頃～1729）がアメリカナデシコの花粉をカーネーションの雌しべにつけて作ったのが記録のある最初の人工的な雑種で、「フェアチャイルドのラバ」と呼ばれた。フェアチャイルドは、白い花弁に薄紫色の筋が入ったマドンナリリーの変種（*L. candidum* var. *purpurem*）も開発したが、今はもう存在していない。[23] もっと永続的な雑種のユリ *L. testaceum* が1842年頃にイギリスにやって来た。ナンキーンリリーと呼ばれ、中国の南京からやって来たことを示唆しているが、日本の庭から来たといわれる。「ナンキーン」という言葉はじつはその薄い黄色を指しており、南京で作られる南京木綿という布に由来する。1895年に行われた実験により、じつはローマとトルコに古くからあるふたつの自生種 *L. candidum* と *L. chalcedonicum* の雑種であることが判明した。[24] その起源は謎のままで、誰だかわからないガーデナーの手によって、あるいはたんに鳥かミツバチか風によって作り出されたのだろう。

20世紀の初めの数十年で、何人もの育種家たちが多数のユリの雑種の作出に成功し、とくにデイヴィッド・グリフィスは1924年にベリンハム・ハイブリッドという交雑種群を発表した。ベリンハムという名前はワシントン州にある彼の出身地にちなんでつけられた。シュクサンやスター・オブ・オレゴンなど、現在でも人気のあるものがいくつもあるが、グリフィスの時代には多くの交雑種が病気にかかりやすく短命だった。園芸学の権威は、そうしたものは一時的な成功にすぎないと考えていた。だが、オレゴン州に移住していたオランダの園芸家ヤン・デ・グラーフが野生のユリの栽培品種化に成功した1941年に、状況は一変した。彼の才能は遺伝的なものだったようだ。ヤンの曽祖父のコーネリアス・デ・グラーフがオランダで1790年にユリの交配を始めていたのだ。ヤンは1938年にオレゴン州グレシャムにある自身のオレゴン球根農場で最初のユリの栽培実験を始めた。そして1941年についにエンチャントメントを作り出した。これはオニユリの血が入った栽培品種で、豪華ではつらつとしたサンゴ色、立った花弁、そしてそれまでにない耐寒性をもつユリである。園芸雑誌『ホーティカルチャー』は「史上もっとも有名なハイブリッドリリー」と呼んだ。今でも庭植えや切り花用に非常に人気のあるこのユリで、デ・グラーフはひと財産築いた。それ以来、ハイブリッドリリーは例外ではなく標準になった。1989年にデ・グラーフが亡くなったあと、『ホーティカルチャー』に彼が何を成し遂げたのか解説する記事が掲載され、「厳格かつ大量に交配することにより、デ・グラーフは手に負えない無愛想な庭の貴族というユリの世評を粉砕することに成功し、ユリを育てやすいすぐれた園芸植物にした[25]」と書かれている。デ・グラーフの成功と、彼に続く有能な交配者たちの成功によって、とくに切り花と鉢植えで販売されるユリの生産が急増した。今では営利目的の生産者が、一年中いつでも見事なユリを供給できるように温室で栽培している。

交配により、ほとんどあらゆる色、形、大きさの、驚くほど多様なユリが生み出されてきた。国際ユリ登録簿には1万5000以上のユリが登録されており、同じくらい多くの未登録の交雑種が存在していると考えられている[26]。毎年カタログに登場する新しい交雑種をひとつも見落とさないようにするのは難しい。1963年から、ユリの世界で指導的立場にあるイギリス王立園芸協会と北米ユリ協会が9群に分ける区分法を確立し、国際的に受け入れられた。交雑種と同様、区分の数は増え続けたが、便宜上、ほかのいずれの群にも入らないものは第8群に入れられている（第9群は原種のユリ）。この分類は交雑種を作るのに使われた種に基づいており、普通のガーデナーには違いがわかりにくいかもしれない。たとえば、アジアティック・ハイブリッドという区分とオリエンタル・ハイブリッドという区分がある。どちらも東アジア原産の種の雑種を含むが、それぞれ異なる長所がある。アジアティック・ハイブリッドはおもにオレゴン球根農場で作出された交雑種とその子孫で、美しく、ほとんど害虫がつかず、驚くほど耐寒性がある。唯一の欠点は、大部分に芳香がないことだ。オリエンタル・ハイブリッドはおもに、19世紀のふたつの日本のスター、ヤマユリ

（*L. auratum*）とカノコユリ（*L. speciosum*）に由来し、非常に香りがよく、大きさと色の点で華やかである。このふたつの種は早くも１８６９年にフランシス・パークマンが交配したが、初期のオリエンタル・ハイブリッドはユリにとって致命傷となるウイルス病にかかりやすかった。もっとも成功したオリエンタル・ハイブリッドといえるカラフルで香りのよいスターゲイザーが作り出されたのは、パークマンによる画期的な出来事から1世紀のちのことである。キカノコユリ（*L. henryi*）とカノコユリの変種（*L. speciosum rubrum*）の雑種で、白く縁取られた深紅の花弁に濃い赤の斑点が散っていて、目を見張るような美しさである。これはユリ育種における飛躍的進歩であり、オリエンタル・ハイブリッドの父、レスリー・ウッドリフによって１９７８年にカリフォルニア州で作出された。オリエンタルリリーは普通、下向きに咲くが、ウッドリフは上向きの花をつけるものを作り出し、それでスターゲイザー（「星を見つめる者」という意味）という名前になった。

ユリ属の種は交配相手を選り好みすることがあるが、新技術が開発されて、北米ユリ協会の研究部長アーサー・エヴァンスが述べているように「見込みもその気もないペアの機嫌をとって奇跡を起こす[27]」ことができるようになった。胚培養などの技術により、ユリの試験管ベイビーとでも呼べるものが作り出された。この方法では、遠縁の種を交雑してできたさく果から胚を採取して寒天培地に置く。もっとも早い成功例のひとつが、オレゴン球根農場に勤務するジュディス・フリーマンが１９７０年代に作出した、オレンジ色のオニユリをパステル調の色合いにしたタイガーベイビーズである。ほかにも、分類区分が異なるユリの間の、以前は通過できなかった境界線を越えた新しい交雑種が生まれた。たとえばオリエンタル・ハイブリッドとトランペット・ハイブリッドが交配

オリエンタルリリー 'Stargazer'、メイプルクレスト・リリーズ栽培。

されて、背が高く大きな花が咲く非常に香りのよいオリエンペットが生まれた。シェヘラザード、スターバーストセンセーション、リーガルスターといった非常に人気のあるオリエンペットは、昔の野生の白いユリとはずいぶん違ったものになった。

しかし、現在の比較的ナチュラルな庭の流行で、再び野生のユリが注目されている。ユリのガーデニングの最近のトレンドは、野生状態か種苗業者が自然な形で増殖した場合にだけ存在する原種のユリの「ピュアリティ・ガーデン」に向かっている。B&Dリリーズのロバート・ギブソンが2008年に書いているように、発見される野生のユリの種数は今でも増えている。

過去数年の間に中国から野生の球根の形で多数の「新種」のユリがやって

きたが、まだ多くのものがきちんと分類されるのを待っている。すべての川や山腹が探検され発見すべきものは何もないと考えるのは間違いだ。植物探検家にまだチャンスはある。[28]

今日、無数の種類が販売されているにもかかわらず、交雑種はまだ野生のユリの非常に大きな多様性を完全には生かしきれていない。色、形、大きさ、香り、その他の特性の驚くべきバリエーションに「終わりはないようだ」。ユリ属のまだ手がつけられていない遺伝資源を交雑種の世界に注入することができれば、その結果は「気が遠くなるようなもの」になるだろう。[29]

プティ・パレのスイレン池、パリ。

第3章　どこの庭にもあるユリ

地中海の文明発祥の地から現代の世界まで、人類は楽しみのための庭を造り、ユリはそのほとんどすべてに植えられてきた。異なる言語を話し異なる神を礼拝しても、どの文明も自然の厳しさを避ける場所、そして美しいものに囲まれて安らぎを感じられる場所を求めてきた。何千年も前に、乾燥した砂漠の真ん中でさえ、壁で囲まれ灌漑された庭で木や草が花を咲かせ、その中にユリもあった。果実をつける木は食料をもたらしてくれたが、純粋に楽しみのための色とりどりの花の場所も取っておかれた。ローマ帝国やイタリアルネサンスの広大な庭は、戦争によって破壊されてから、あるいは忘れ去られ荒廃してから何世紀もたって、色彩に富んだ風景を欠く緑色の場所になった。しかし、そうした庭もかつては、地中海地方に自生するユリも含めさまざまな花でいっぱいだったという強力な証拠がある。ユリはたいてい補助的な役割を果たしたが、もっと多くの種類が発見されて栽培されるようになると、その色と香りが庭の美しさをさらに引き立て、ときにはユリが主役になることもあった。ヨーロッパの庭におけるユリの重要性が増したのは、16世紀にオスマン帝国からエキゾチックな種類が西洋にやってきだしてからである。しかし、中国、日本、古代地中海地方、中東の自生地では、すでに何世紀も前から庭になくてはならない植物だった。

植物学という新しい科学に先駆けて、ルネサンス期にボタニカルアートと多色刷りの技術が発展したことで、花の複雑な美しさが広く知られ高く評価されるようになった。こうした動きは16世紀から19世紀の大庭園の造営と相まって進展した。広大な庭園は権力者と金持ちの贅沢であり、彼らはしばしば挿絵画家を雇って、豪華なフォリオ（一辺が30センチ以上あるような大型本）に記録させた。時がたつにつれ、庭園や花のイラストがより多くより広範な読者——自分の美しい庭を造りたがっている、新興の中産階級——のもとに届くようになった。この章では、西洋の庭園デザインに多大な影響を与えた歴史に残る数々の庭園と、そこでのユリの役割を見ていく。

◉砂漠の庭園

広がり続ける砂漠が、古代エジプトの庭園を一部の名残を除いてすべて呑み込んでしまった。しかし、墓の内部で発見されたものにより、庭園がどんな様子だったか明らかになった。紀元前２０００年頃にメントゥホテプ2世に仕えた高官メケトラーの墓で、ドールハウスほどの大きさの庭の模型が発見されたのだ。[1]木製で緑色に塗られた模型の庭は壁に囲まれ、中に池がひとつとイチジクの木が何本かあった。このデザインは、１０００年後の墓に描かれた庭とよく似ている。そうした絵にはスイレンでいっぱいの長方形の池があって、花壇で縁取られ、そばに立つ高い木々が焼けつくような砂漠の太陽をさえぎるためになくてはならない日陰を作っている。このような池の配置は意外なことではない。古代エジプト人は生きていくために灌漑の技術を開発しなければならず、池と灌漑用水路があるため庭の形はおのずと直線的なものになった。しかしこのデザインには、彼らの精神生活も反映されている。墓の壁画には死後の世界を旅する魂の休息と回復が象徴的に表現され、古代エジプト人が思う天国にとって庭が重要な意味をもっていたことが示されている。このことは、墓の壁に刻まれた「私が毎日、私の池のほとりを歩き続けられますように、私の魂が私が植えた木々の枝の上で休み、私のイチジクの陰で元気を回復しますように[2]」と願う祈りの言葉からもよくわかる。

墓の壁画は、当時の現実の庭を再現したものだと考えることができる。そして、墓の彫刻や建築のモチーフから、エジプト人に栽培され、宗教的に重要で尊ばれた花をいくつか特定できる。神聖視された青いスイレン（*Nymphaea caerulea*）とトランペット形のマドンナリリーがその代表である。ほかの花々とともに、このふたつは実際の庭でもなくてはならない花だったと考えられる。

●ローマ人の隠れ家

ほかのどんな形の芸術より庭園ははかないものであり、古代の庭園は大半が跡形もなく消えてしまった。特別な例外が、西暦79年にヴェスヴィオ山の大噴火によって街全体が埋められ、火山灰の中に保存されたポンペイの庭園の遺構である。大災害に遭いながら建物も残ったため、壁で囲まれた庭園が家の裏にあって、屋根はないが通りの騒音や埃から守られた都会の安らぎの場所になっていたことがわかる。『庭園デザインの歴史 *A History of Garden Design*』（１９６３年）の中でデレク・クリフォードは、こうした四方を囲まれた空間は、日光がほとんど差し込まず植物が育たないため、庭というより部屋だったと指摘している。花は、柱廊式玄関（ポルチコ）の柱や家の中の、想像力に富む壁画に顔料で「植えられた」。残っているフレスコ画に、動物と特定可能な花でいっぱいの理想化された庭が描かれており、その中には白いユリ、間違いなく見慣れた地中海地方のマドンナリリーもある。

フレスコ画は、「当時の裕福なローマ人が考えた庭のあるべき姿をもっとも明確に」[3]示している。しかし、大金持ちのローマ人は、都会の小さな隠れ家にかぎらず、広範囲にわたって美しく整備された土地や庭園のある広大な田舎のヴィラももっていた。現代の地所よりずっと広く、「ローマ人のヴィラは現代人には理解するのが難しい」とクリフォードは説明している。「６人の男の地所がアフリカ属州の半分に及んだといわれている」[4]のだ。西暦１１８年から１３８年にティヴォリに造営されたハドリアヌス帝の庭園は、複数の建物があってそれぞれが庭園によって結ばれたヴィラ・シティだった。発掘で発見された基礎部分がいくつか残っているだけで、植栽についてはほとんどわかっていない。ユリでもほかの植物でも、このような失われたヴィラにあったものをどれかひとつ探すのは、干し草の山から針を探すようなものだ。しかし、古代ローマの著述家の文書が手がかりをいくつか与えてくれる。農業について書いた著述家たちは、帝政ローマで利用される植物の栽培に役立つ実際的な情報を伝えている。ウァロの『農業論』（西暦４０年頃）は実用的な農業マニュアルで、花輪用の需要が多い花を栽培するための具体的な園芸学的助言が書かれている。植物栽培に関する詳しい説明が多くあり、ユリを栽培するのに最適な時期にも言及している。[5]

小プリニウスは、ローマ近郊とトスカーナにある彼のふたつのローマ式のヴィラの風景を描写した文章を後世に残している。ポンペイで火山ガスを吸い込んで亡くなった彼のおじ、博物学者の大プリニウスとは違い、小プリニウスは生きて安全な遠いところから見た噴火について書き残している。そして、西暦97年から107年にかけて書いた手紙にヴィラの様子を描写しているのである。このトスカーナのヴィラは、古代ローマの風景の典型であり、数世紀のち、イタリアルネサンスの庭園の手本となった。

家の主要部分は……幅が広くそれに釣り合う長い柱廊に面していて、その前にはさまざまな形に剪定（せんてい）されたツゲと低木で縁取られたテラスがある。そのテラスからゆるい坂を下ると芝生で、下り坂の両側に動物の姿に刈り込まれたツゲが向かい合わせに植わっている。それからアカンサスで形作られた園地にやってくる。ここにもトピアリーで縁取られた歩道があり、もっと先にはツゲの生垣と背の低い木で囲まれた楕円形の空間がある。[6]

地所にはほかにもたくさんの美しく整備された区域――開けた芝生、日陰を作るイトスギの木立、日の当たる小道、小さな庭、彫像、草地――がある。この注意深く調整された楽しみのための土地は、「自然のありのままの美しさ」があふれる庭だ。プリニウスは名前を挙げていないが、マドンナリリーとそのほかの地中海地方に自生するユリがこの庭に生えていた可能性は高く、おそらくほかのローマ時代のヴィラでも栽培されていただろう。

◉イスラムの楽園

17世紀から18世紀にかけて、以前ローマ帝国だったところにイスラム文化が広がると、アラビア人はローマの庭園をさらに素晴らしいものにした。イスラム時代のスペインで、庭園は本物の楽園になった。楽園は天国にのみあると考えた初期キリスト教の禁欲主義者とは異なり、イスラム教徒は庭を真の信者が天国を前もって味わうところと考えた。とくに重要な要素が、砂漠の住人にとって最高の贅沢である水だった。アラビア人は中東の先輩たち――古代エジプト人、ペルシア人、アッシリア人――が開発した灌漑技術を利用して池と泉を造り、果樹や香りのよい花を育てた。いろいろなものから守ってくれる壁に囲まれた庭は、重力を利用して水が供給される水路の幾何学的配置によりいくつかの区域に分けられ、水路は『コーラン』で語られている楽園の4本の川も象徴している。池はスイレンとロータスでいっぱいになっているか、たんに空を映して高い壁の中の空間を広く感じさせた。彫刻された石をひたひたと洗い噴水の水しぶきの音が、周囲の豊かな色彩やよい香りにもうひとつ別の次元の感覚を加えた。

ヨーロッパ人が異国の植物を集め始めるよりずっと前に、11～12世紀のアラビアの植物学者たちは、シチリア島、アレキサンドリア、カイロ、メッカ、ヴァレンシアへ探検に行った。彼らはアラビアやトルコの王族の庭園を飾る球根植物、ハーブ、花の長いリストを作成し、これらの植物は数

アルハンブラ宮殿のウォーターガーデン、アンダルシア、スペイン。

百年後にインドや西洋の庭園デザインや植栽に影響を与えることになる。[7] イスラムの庭では、預言者ムハンマドと結びつけられるバラが花の女王だった。しかし、タージ・マハルの大理石の壁の花模様にちりばめられ、同時代のムガールの細密画に描かれたように、赤いユリがいつもそばにいた。

スペインをイスラムが支配した8世紀近くの間、贅沢なヴィラや庭園が数えきれないほど建設された。だが一握りのものを残してほとんどが、視覚的描写や書かれたものを何も残さずに消え去った。もっとも保存がよいのが、イベリア半島のイスラム支配の最後の時代に建設されたグラナダのふたつの有名な庭、14世紀に造営されたアルハンブラ宮殿と13世紀中頃に最初は現在の位置より上の丘の中腹に造られたヘネラリーフェ離宮の庭である。このふたつは、もう残っていないそれより前のイスラム庭園とともに、キリスト教徒の支配者が造る庭に長く影響を及ぼした。800年に神聖ローマ皇帝に即位したシャルルマーニュは、イスラム時代のスペインへ遠征したときにイスラム庭園を見たのかもしれない。彼の時代以降、「楽しみのための庭づくりに対する考え方が、アラビアの影響によって刺激され豊かになったのは確かなようだ」[8]とホブハウスは述べている。

◉肉体と魂のための庭

ローマ帝国領へのゲルマン人の侵入に続く300年の混乱の間、中世ヨーロッパから、楽しみのための庭づくりという古代世界の素晴らしい伝統は失われた。スペインでムーア人によって造られたものを別にすれば、5世紀のローマ帝国の崩壊から1500年までの間に造られた実際の庭でヨーロッパに現存するものはひとつもない。[9] 大プリニウスのような古代ローマの博物学者による植物に関するラテン語の書物は、中世には、たいてい修道院に引きこもっている学者だけが読むことができた。イングランドの修道士で、初めてマドンナリリーは聖母のしるし（第6章を参照）だと述べたベーダ・ヴェネラビリス（６７３頃～７３５）は、すでにローマ人がこの植物をヨーロッパの大部分に広めていたので、修道院の庭にあった実物の花を見たことがあったかもしれない。だが彼は、1世紀のプリニウスの『博物誌』も読むことができた。

中世に育てられた大半の花と同様、ユリはおもに医薬としての価値を目的に栽培された。プリニウスの著作、そしてもっとも重要な、ギリシアの医師ディオスコリデスによる植物に関する1世紀の論文『薬物誌（マテリア・メディカ）』は、19世紀までハーバリストたちに書き写され信奉された。中世の庭はハーブが中心だったが、この時代の写本や美術作品から、花もその美しさと宗教的重要性が理由で高く評価されていたことがわかる。８００年頃、シャルルマーニュが、食料や薬草の需要に応えるためにそれぞれの町で育てるべき植物と果物やナッツの木を列挙した「御料地令」を発布した。このリストの冒頭にユリとバラがあり、有用性だけでなく、キリスト教における象徴的意味や美しさも重視されていたことがわかる。[10] ベーダ・ヴェネラビリスと同じように、中世のほかの修道士たちも、信仰と花への愛を同等のものとみなした。北ヨーロッパで最初の大学であるシャルルマーニュの宮廷学校の創設者ヨークのアルクィン（７３５～８０４）は、晩年をトゥールにあるサン・マルタン修道院の修道院長として過ごし、自分の小部屋を白いユリとバラで飾った。[11] 19世紀にドイツ南部のコンスタンツ湖（ボーデン湖）に浮かぶライヒェナウ島に庭を造った修道院長ヴァーラフリート・

ストラーボも、キリスト教の象徴体系の見地からユリとバラの美点をほめたたえ、この考え方は歴史を通して続くことになる。

広く愛され称賛されるこのふたつの花は、時代を越えて教会のもっとも重要な宝を象徴するものとして存在してきた。バラを殉教者の流した血のシンボルとして摘み、信仰の輝かしいシンボルとしてユリを身に着けてきたのである。戦争のためにバラを摘み、平和のために微笑むユリを摘む。[12]

11世紀には学者、巡礼者、商人がイスラム統治下のスペインへ旅して、アラビアの医学を学んでいた。おそらく彼らがさまざまな新しい植物や球根を持ち帰り、そうした植物が最終的にはヨーロッパの修道院や宮殿の庭に入り込んだのだろう。14世紀にフランスのシャルル5世は広大な王の庭園を花とハーブの花壇でいっぱいにさせた。それらはもう存在しないが、パリのオテル・ド・サンポルにあった彼の約8ヘクタールの庭園の植物の目録が残っている。そこには多数の花々とともに300個のユリの球根も載っている。[13]また、中世後期の豪華に装飾された信仰書である時禱書の挿絵に、当時育てられていた花が目に見える形で記録されている。こうした本の余白や、彩色された天国の庭の場面に、しばしば赤や白のユリとスズランが登場する。

◉色の復活

ペネロピ・ホブハウスは、「多くの人にとって驚きかもしれない」が、今日残っているイタリアルネサンスの飾り気のない建築的な庭園は、かつては「色とりどりの刺激的な異国の花」でいっぱいだったと説明している。オスマン帝国から西ヨーロッパへ外国の植物がやってきていた頃に造られたイタリアの庭は、色彩豊かだった。「花がないどころか、貴族、教会の指導者、個人の植物学者や収集家たちの庭では、考えられるすべての珍しい異国の植物が育てられて、その中にユリもあった[14]」。

ルネサンス期の庭園デザイナーたちは、ポンペイの遺跡の庭のことはほとんど知らなかった。1748年に新たな建築計画のための発掘で偶然発見されるまで、この遺跡のことは知られていなかったのだ。しかし、ローマやトスカーナの丘に古代のヴィラの輪郭が残っていて、それをまねることのできる人々にとっては、テラスのある左右対称の庭の手本になった。遺跡からわからない部分は、小プリニウスやそのほかのルネサンス期に再発見された古代の著述家たちの著作にある樹木、生垣、幾何学的な花壇についての記述で補われた。

16世紀後半には、ルネサンス期のメディチ家やそのほかの貴族の立派な庭園のために造られた花壇が、東洋からやってくる異国の植物のための舞台となった。ホブハウスによれば、イタリアではそれ以前からすでに多くの異国の植物が育てられていて、「おそらくヴェネツィア共和国を通して、「そして」……宣教師、極東ではとくにイエズス会の宣教師によって確立された広範囲に及ぶ人とのつながりにより、手に入れたのだろう」[15]。ジル・ソーンダースが『植物を描く *Picturing Plants*』の中で説明しているように、多くの植物がまだ薬用目的で薬草園で育てられていたが、17世紀初めには純粋に装飾的な庭で花が主役になろうとしていた[16]。

ルネサンス期のイタリアの著述家たちによる園芸書に、格式のある庭園に推奨される植栽についての記述がある。16世紀末に活躍した著述家アゴスティーノ・デル・リッチョは、想像上の王の庭のための樹木と栽培される花の詳しいリストを作成し（『王の庭 *Del giardino di un re*』、1597年）、そこには12種類のユリが書かれている。彼はフォーマルな花壇で野生の花を育てるのをけなしていたので、彼が勧めたものはこの地域にたくさんあるマドンナリリーに限定されてはいなかっただろう。「彼の詳細なカタログは、外国の高木、低木、植物、球根の爆発的到来があったことの裏付けとなり、これらの植物が貴族の庭園の外観に効果的に革命的変化をもたらしたにちがいない」。彼と同時代のバルトロメオ・タエッジョは北イタリアの田舎暮らしに関する小冊子『ラ・ヴィッラ *La villa*』（1559年）を書き、その中でオスマン帝国からやってきたばかりの深紅のタークスキャップリリーを勧めている[17]。

●フランスの整形式庭園

クリフォードによれば、フランス人はイタリアの庭園の考え方を採用し、「非常に短期間でそれを独自のものにした」。違いはおもに立地条件によるものである。「イタリア人が丘を好んだかなりあとのことだが、フランスの庭園は水平な土地かわずかな傾斜の上に造られ続けた」。テラスが必要なかったため、フランス人は「とくにパルテールを好んだ」。パルテールとは幾何学的に植えられた花壇のことである。彼らは、母屋と庭を整列させる古代ローマとイタリアルネサンスの伝統を続けたが、形式化された規則と複雑なパルテールのある庭だった。フランス人が発展させたのは「庭を水平なものとして見る考え方である。そもそもそれがパルテールの本質なのだから。パルテールは地面にあり、見下ろされるものなのだ[18]」。

17世紀の古典的なフランスの庭園としてもっともよく知られているのが、広大なヴェルサイユの壮麗な光景で、直線に刈り込まれた樹木、形を整えられたツゲの生垣、池、縁取り、花壇があって、すべてが宮殿から眺めるために注意深く配置されている。庭園デザインの巨匠アンドレ・ル・ノートルが建築寄りの考え方でデザインした幾何学的配置は、起源を古代エジプトとイスラム時代のスペインの長方形の庭にまでたどることができる。しかし、なんといってもフランスの宮殿の庭園は工夫をこらした逸品である。各植物にはそれぞれ決まった場所があって、パルテールの仕切りにからないようになっていた[19]。そして、可能な最大限まで一つひとつの植物が大切にされた。ル・ノートルは花のパルテールより全体のデザインのことを気にしたが[20]、ルイ14世は熱心な植物収集家で、世界のさまざまな場所に探検家を派遣して、咲き誇る花へのやまぬ欲求を満たした。王の収集家と栽培家たちは膨大な数の異国の植物を収集し、とくに地中海地方南部および東部、北アフリカ、アメリカ大陸からやってきた最新のユリ、チューリップ、そのほかの球根植物を専門に扱った。そのほかのヨーロッパの貴族も庭に花や樹木の百科事典的コレクションをもっていて、太陽王は自分の庭をいつでも、冬でさえも植物が育ち、花が咲いているようにしたいと思った。とくに1660年のチャールズ2世の王政復古後から18世紀にイギリス人が庭園デザインに革命を起こすまで、ヴェルサイユと太陽王のほかの庭園は、ヨーロッパの諸侯やイングランドのスチュアート王家に模倣されることになる。[21]

◉イギリスの革命

18～19世紀のイギリス式風景庭園は庭園デザインに革命を起こし、幾何学的に構成されたフランスの整形式を一掃した。しかし、この革命は誤った印象に基づいていたのかもしれない。18世紀の若いイギリス人がヨーロッパ大陸の巡遊旅行(グランドツアー)に出てイタリアルネサンスの朽ちかけた庭を見たとき、テラス状の土地にある植物の緑と灰色を除くとどんな色もなかった。かつては色とりどりの花で輝くばかりの庭だったが、緑の牧歌的な美をもつロマンティックな風景を残してすでにみななくなっていたのだ。[22]

このイメージによって自然に対するこれまでになくロマンティックな受け止め方が強まり、庭の不規則さと野生的な様子が評価されるようになる。そして今度は、花壇にじゃまされない、高木や低木の豊かな緑の濃淡が強調されるようになった。イギリスのデザイナーは、枝をしっかりと刈り込むフランス式のやり方に従わずに、起伏のある芝生やカーブした小道にそってより柔らかな効果を生むため高木が十分に成長するようにした。この新しい風景を作り上げる名人は、全盛期にはかつてのフランスのル・ノートルと同じくらい大きな影響力をもっていた。ランスロット・ケイパビリティ・ブラウン（1716～83）は希少種や異国の種にほとんど関心をもっておらず、あらゆる努力をして「自然な」効果を生み出した。彼は川を広げ、湖を造り、土地の輪郭を変え、無数の樹木を植えて、それらがまるで自然にできたように見えるイギリス式風景庭園を造った。その効果は自然なものだったが、植えられたのがすべて土着の植物だったわけではない。18世紀から19世紀初頭にかけて、科学的調査を目的とする大規模な遠征隊が、アメリカやそのほかの大英帝国の植民地――南アフリカ、インド、ニュージーランド、タスマニア、オーストラリア（植物が船積みされたことで知られる港は「ボタニー・ベイ」と名づけられた）――からさまざまな標本を持ち帰っていた。

　イギリス式はアメリカの造園に大きな影響を与えた。これによりジョージ・ワシントンはマウントヴァーノンに曲線を取り入れ、トマス・ジェファソンはモンティチェロの植栽を思いつき、フレデリック・ロー・オルムステッドはニューヨークのセントラルパークに植える植物を決めた。[23] この様式は今でもなおロマンティックな強い魅力をもっており、イギリスの時代物の映画やテレビドラマによって維持されている。しかし同時に、もうひとつのまったく別のイメージが現代のガーデナーの心をとらえている。色とりどりの花が植えられたイギリスのコテージガーデンのイメージだ。風景庭園では、花はカーブした歩道にそって人の手でまるでそこに自分で芽を出したかのように植えられて、居場所を得た。ケイパビリティ・ブラウンの第一の後継者であるハンフリー・レプトン

（1752〜1818）が、イギリスの広大な地所に花を取り戻すうえで、多大な影響を与えた。花は「決して本当に流行遅れになったわけではない」とホブハウスは述べているが、屋敷からの主要な眺めから離れた花壇やボーダーに植えられていた。[24]

◉ガラスの下の巨大なリリー

ユリは19世紀のイギリスのガーデニングでもっとも人気のある花というわけではなかったが、ある非常に珍しい「リリー」が、園芸における最大の技術革新である温室を完成させるうえで大きな役割を果たした。1817年にスコットランドの植物学者で景観デザイナーのジョン・クラウディウス・ラウドンが錬鉄製の窓桟を発明し、蝶番（ちょうつがい）を使って温室の窓枠の角度を太陽高度に合わせて調整する仕組みを開発した。そして、1833年の板ガラス開発と、1845年のガラス税の廃止により、以前より手頃な価格で温室を造ることができるようになった。[25] そしてジャイアントウォーターリリー、つまりオオオニバスの発見により、19世紀最大の温室である水晶宮が誕生することになる。このアマゾンの巨大なスイレンは、1837年にロベルト・ショムブルクによりイギリス領ガイアナで発見され、この大植物探検時代に発見された植物としてはもっとも有名なものになった。ショムブルクはヴィクトリア女王をたたえて *Victoria regia* と命名したが、のちに *Victoria amazonica* に変更された。王立園芸協会付属の図書館を統括したのち歴史家になったブレント・エリオットは『植物誌――図説ガーデンフラワーの歴史 *Flora: An Illustrated History of the Garden Flower*』（2001

年）に、この発見の結果起こった人々の興奮について次のように書いている。

それは1840年代のイングランドでメディアの注目の的となり、3冊の本の題材になった。キュー王立植物園と、チャッツワースにあるデボンシャー公爵の地所のガーデナーたちが、この植物を栽培して最初に開花させようと競争した。公爵の名高いガーデナーであるジョゼフ・パクストンが、この植物のために特別な温室（水晶宮の原型）を建設することにより勝利した。

ジョゼフ・パクストン（1803～65）は園芸家と技術者の気質をもっていた。見た人が「溶鉱炉から取り出されたばかりの鋳鉄の奇妙な織物のような構造」[26]を連想したというオオオニバスの巨大な葉の構造に、パクストンは感銘を受けた。1849年の『イラストレイティド・ロンドン・ニュース』紙に掲載されたスケッチにあるように、チャッツワースの池で自分の娘がその上に立ったとき、きっと1枚の葉で彼女を支えられるとパクストンは信じていた。この植物を実生苗から育てた彼は、その驚くほど速い成長と大きなサイズについて次のように述べている。

1849年8月3日に苗を受け取ったあと……それは1日におよそ0・4平方メートルというほとんど信じられないようなスピードで大きくなったことになる。これは、記録のある植物の成長速度のうちずばぬけた事例といえるだろう。11月初めにはその葉は直径1・4メートルになり、葉身の土台をなす厚く太い葉脈から大きな力をもっている様子が見て取れ、それが支

「チャッツワースで開花したオオオニバス（*Victoria Regia*）」、『イラストレイティド・ロンドン・ニュース』紙、巨大な浮葉の上に立つジョゼフ・パクストンの娘が見える（1849年）。

えることのできる重量を確かめたくなった。それで私は、8歳で体重が19キロの末娘を葉のひとつにのせた。圧力を均等にするため、手近にあった6・8キロある銅製のふたを置き、合わせて25・8キロになった。葉はこの重さにとてもよく耐え、実験したほかの数枚も同様だった。[27]

翌春、チャッツワースでこのスイレンは24枚の巨大な葉をつけ、何枚かは直径1・5メートルに達し、大人を支えることができた。「50～70キロの男女が実験を試み、葉は明らかに大きな浮力を有していたため、その上に立っている人々は完全に安心していられた[28]」

パクストンは、オオオニバス（*Victoria amazonica*）の複雑な葉脈の構造をモデルに、板ガラスを支える鉄の構造を考え、水晶宮の設計に取り掛かった。ひとつの建物としてはそれまでで最大量のガラスが使われ、水晶宮は１８５１年に、産業革命の最新の驚異を展示するために、ロンドンのハイドパークに開設された。１８５４年にロンドン郊外のシドナムに移築され、異国の植物の重要な展示場になり、イギリスの庭に温室とカラフルな花の花壇が増えるきっかけになった。温室のおかげで、ヴィクトリア時代に流行した同じような花をたくさんかためて植えるやり方が可能になったからである。熱帯地方からやってくる新しい植物は、温室の中で寒さから守られ、鉢に入れられたイギリスの土で盛んに成長した。春がやってくると、こうして育てられた耐寒性のない一年草——深紅のゼラニウム、紫のペチュニア、青いロベリア、そのほか多数——が花壇に植え付けられ、それぞれひとつの鮮やかな色でまとめられ、咲いている花が継続的に見られるように定期的に植え替えられた。このやり方は新興の中産階級に採用され、彼らは公共の庭園で開かれる温室のフラワーショーや、ガーデニングをする市民に向けて制作される膨大な数の本や雑誌からヒントを得た。

●自然に戻れ

ユリ属とそのほかの耐寒性のある花は、一年草の花の派手な展示により、しばらくの間、影が薄かった。しかし、19世紀後半には、比較的耐寒性のある花に味方が現れた。温室育ちの花に反対するウィリアム・ロビンソン（１８３８～１９３５）が、イギリスのガーデニングに新たな革命を起こしたのである。それは、当時支配的だった人為的なやり方に反対し、もっと自然な庭を推奨する、いわば逆戻りの革命だった。『ワイルドガーデン *The Wild Garden*』（１８７０年）と『イングリッシュガーデン *The English Garden*』（１８８３年）そして無数の雑誌記事で、彼は「外国の」花の色鮮やかな花壇を「これまでに造られたもっとも醜い庭」だと攻撃し、そのかわりに古風なコテージガーデンにあるような耐寒性のある多年草の花壇を推奨した。彼の考え方は、産業革命の機械の時代に反対し、もっと自然で手作りの製品を好むアーツ・アンド・クラフツ運動の芸術家や支持者の考え方によく似ていた。

ロビンソンの弟子でもっともよく知られているのがガートルード・ジーキル（１８４３～１９３２）で、ヨーロッパとアメリカのおよそ４００の庭をデザインし、多年草の花のガーデニング技術を発展させて

シシングハースト城の庭、ケント、イングランド。

ひとつのスタイルを確立した。このスタイルは今日でもまだ人気があり、広く影響を及ぼしている。彼女は、花をうねる流れのようなドリフトと呼ばれる配置に植え、グラデーションとテクスチュアを生かす画家のような手法を用いて、ヴィクトリア時代の花壇のけばけばしい色のコントラストをやわらげた。外国の多年草は、たとえ東アジア原産のユリでも、それが「もともとそこにあったように振る舞う」なら、許容された。多数ある著書のひとつ『イングリッシュガーデンのためのユリ――アマチュアのための手引き *Lilies for English Gardens: A Guide for the Amateur*』（1903年）で、彼女はイギリスの土壌に順応すると思われるユリを勧めており、ケントのシシングハースト城で友人のヴィタ・サックヴィル＝ウェストの有名な庭の造園に影響を与えたのは間違いない。1890年代の装飾芸術のジャポニズムの時代に一時的に日本の庭が流行したが、ロビンソンとジーキルのもっと自然な庭を目指すやり方が20世紀の間ずっと流行した。その影響は、今日の、在来の植物を植えるエコロジカルガーデンや、野生種のユリを植える「ピュアリティ・ガーデン」にも見ることができる。

◉ショーのスター

もちろん営利目的の生産者は、今でも温室に頼って毎年春にカラフルな一年草を生産している。また、植物園はしだいに多くの交雑種の花を大規模に展示するようになった。北アメリカでこれまでに開かれた最大のユリの展覧会が、2010年5月にアメリカ最大級の植物園であるペンシルベニア州のロングウッド庭園で開催された。「リリートピア」と呼ばれるこのショーには、1万本のユリとハイブリッドリリーが210品種出展され、多くが初めて市場に投入されたものだった。[29]室内および室外の庭園が400ヘクタール以上に広がるロングウッド庭園は、ヨーロッパの大庭園の末裔である。実業家のピエール・デュ・ポン（1870～1954）によって20世紀初めに設立されたが、彼はシドナムの水晶宮（1936年まであった）とキュー王立植物園、そしてイタリアのヴィラやフランスのシャトーを訪れたことで、植物園の設立を思い立ったのだ。「ハイブリッドリリーの新たな黄金時代」と宣伝される「リリートピア」には、3・7メートルの高さの柱、アーチ、1000本使った「ユリの壁」が展示された。このショーはオランダの球根業界のメンバーとの協同開催で、メンバーには世界最大級のユリ生産者もいくつか含まれている。2011年5月には「世界最大のユリのショー」がオランダのリッセにあるキューケンホフ公園で開催された。ここでは毎年リリーパレードが開かれている。[30]

パクストンの偉業から160年後、キューガーデンの園芸家が、スイレンの栽培で別の偉業を成し遂げた。今度のは非常に小さいということで注目されている。この幅1センチしかない世界最小のスイレン（*Nymphaea thermarum*）は、自然界からは消えてしまったが、2010年に絶滅から救われた。1985年にルワンダの温泉のほとりのぬかるみで発見され、そこが唯一の知られている自生地だったが、その泉に供給されていた水が農業用にまわされるとこの植物は死に絶えてしまった。だが、少しだけ残っていた種子で試行錯誤した末に、キューの園芸家カルロス・マグダレナがこの小さな種を増殖させることに成功したのである。

キューガーデンの園芸家カルロス・マグダレナが、オオオニバスに世界最小のスイレンを置いている。幅1センチしかないこの小さな花は、アフリカの自然から消えてしまったが、その種子が発見されて2010年にキューガーデンで増殖された。

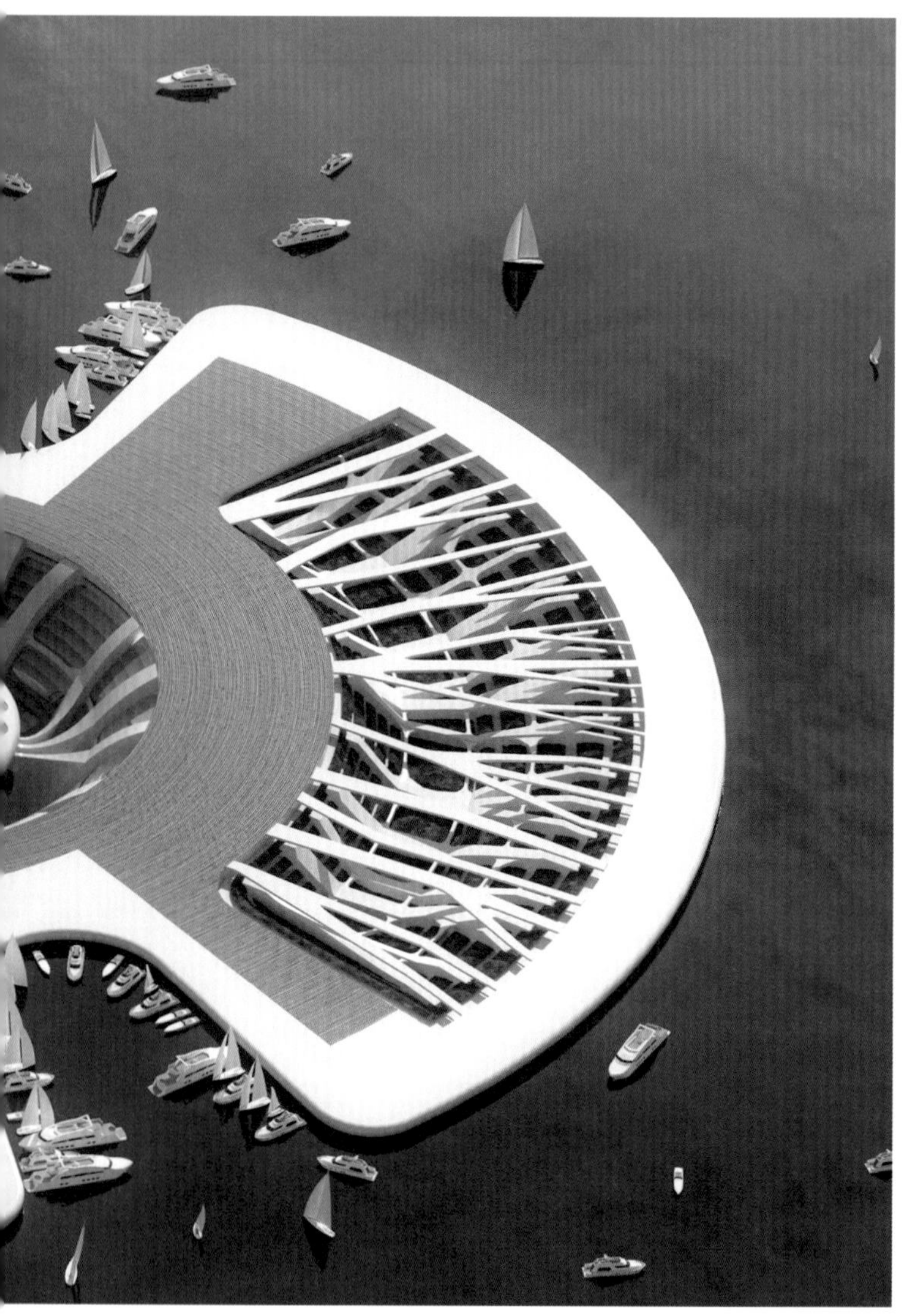

「リリーパッドシティー」、ヴィンセント・カレボーの浮遊都市の建築模型、スイレンの葉の構造を参考にして海水面の上昇に対応するためデザインされた。

将来、地球温暖化の結果として、「リリー」がかかわる究極の偉業が成し遂げられるかもしれない。パクストンがオオオニバスを水晶宮のモデルにしたように、想像力に富むベルギーの建築家ヴィンセント・カレボーが「リリーパッドシティー」を造った。それは巨大なスイレンの葉(リリーパッド)のような形をした浮遊都市の模型だ。2008年にデザインされたこの自己完結型の構造は、住居、マリーナ、廃水をろ過して再利用するための植物、そのほか革新的な設備を備えていて、海水面の上昇によって浸水する沿岸の低地から来る5万人の気候変動避難民の生活を維持することができる。

第4章　ユリを描く

中世とルネサンス後期に描かれたマドンナリリーの植物画をそれぞれ見比べると、両時代の科学と自然界に対する態度がまったく違うことがわかる。中世の挿絵には、それ自体よりもずっと長い歴史がある。13世紀初めのドイツの本草書にあった挿絵なのだが、6世紀の写本から書き写されたもので、その6世紀の写本というのは1世紀のディオスコリデスの著作から書き写されたものと考えられる。このマドンナリリーのイラストは、花の咲いた3本を様式的に表現したもので、球根もついている。これに対して、オランダの挿絵画家ピーテル・ファン・カウェンホールンによって1630年頃に描かれたルネサンス期のイラストは、正確で豊かに彩色された満開のときのユリの絵で、白い花のあらゆる細かな部分に注目している。この画家が自然を鋭く観察していること、花の美しさにほとんど官能的な喜びを感じていることがわかる。ふたつのイラストの違いは、印刷革命の技術的な話ではすまない。新しい植物学の夜明けがやってきたこと、そして人類が世界の美と多様性に対する経験主義的な姿勢に再び目覚めたことをはっきりと示している。

1世紀にギリシアの医師ディオスコリデスによって作成された『薬物誌』の絵をもとにした、10世紀後半のアラビアの挿絵。

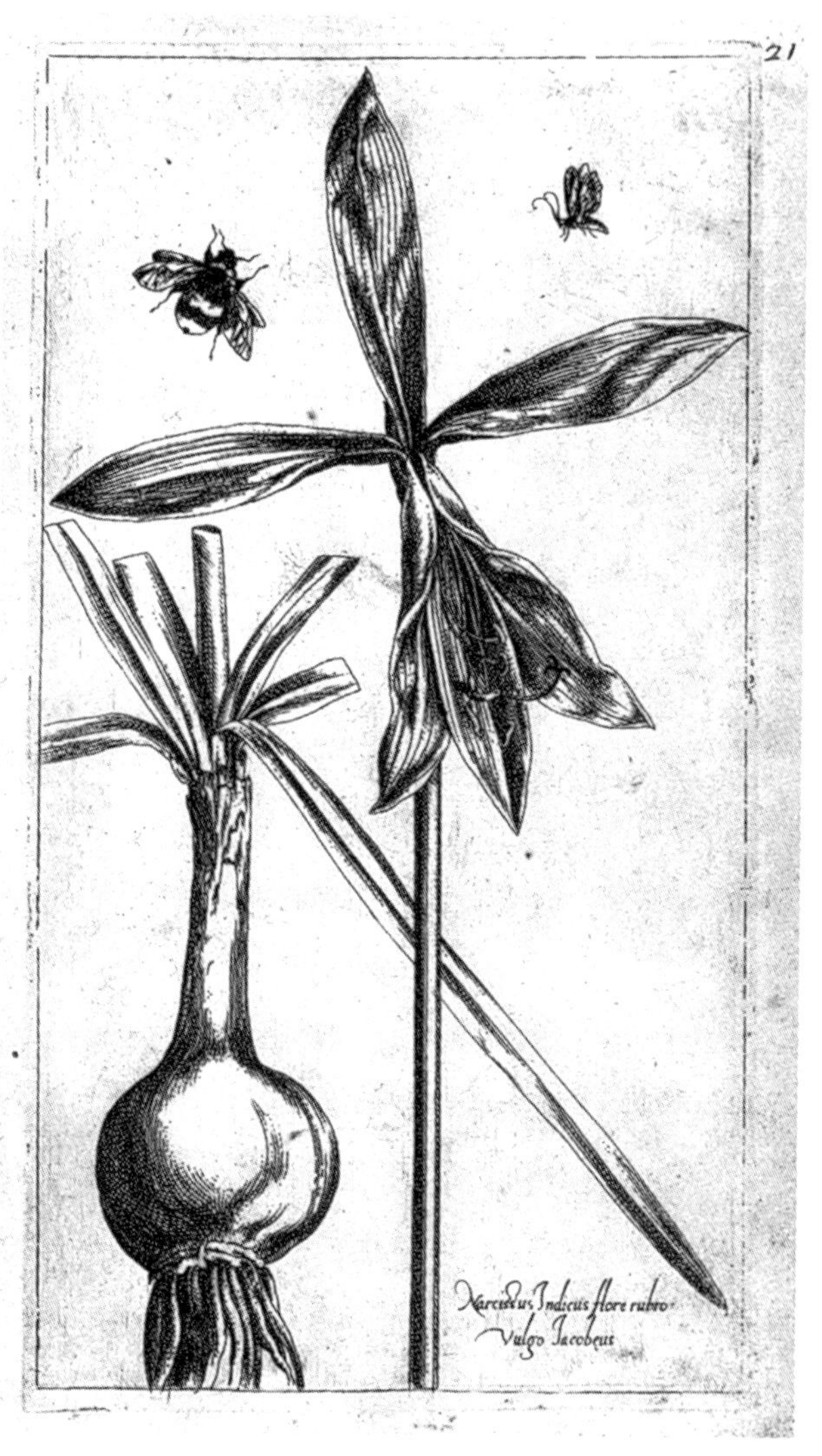

ジャコビアンリリー（*Sprekelia formosissima*）、ピエール・ヴァレ、『篤信王ルイ13世の庭園』（1623年）より。メキシコ原産でアズテックリリーとも呼ばれるこの球根植物は、初期のスペインの探検家によってヨーロッパへもたらされたのかもしれない。

ほかのどんな科学より植物学は絵に依るところが大きい。植物のはかなさ、そして乾燥標本も生き生きした色と形を維持できないことが、科学的な研究を難しくしている。植物画は植物を見やすい複製可能なものにして分析ができるようにする。植物画は、中世の本草書の様式化された植物の手描きの写しや粗雑な木版画から、ついには豪華なフォリオ、本、雑誌に掲載される細部まで表現された銅版画や見事なカラーリトグラフへと発展した。この過程が新たな植物学の発見と印刷技術の発展とともに数世紀にわたって展開する中で、すべてといっていいほどの植物や花のより完成された植物誌が世に出され、そこにはさまざまな種類のユリの素晴らしい絵も載せられている。

古代ギリシア人とローマ人の有名な論文が何千年もの間信奉されたが、明瞭な視覚的再現がなされなかったため、混乱を招いたり、絶望的に不正確になることが多かった。プリニウスとディオスコリデスのオリジナルの原稿は「失われ、コピーのコピーだけが残った」と、ロンドンのヴィクトリア・アンド・アルバート博物館の版画と素描を担当する学芸員ジル・ソーンダースが『植物を描く *Picturing Plants*』の中で説明している。[1] 技術的にも文化的にも、木版画による複製は信頼性が低かった。繰り返し使用された版木は、しばしば絵の線がぼやけて、対象がかろうじて判別できる程度になる。ディオスコリデスは、「ほとんどのハーブを自分自身の目で理解して、非常に正確になるよう努力して」[2] その論文を書いたと述べているが、中世のハーバリストたちは、直接の観察ではなく、不完全に書き写された写本を揺るぎない権威とみなして頼り、神話、伝承、迷信を信じ続けた。さらに困ったことに、木版画はしばしばその時代の様式に合わせて変えられ、装飾的な渦巻きなどの飾りが入れられたり、釣り合いを取るために葉や枝が加えられたりした。

13世紀のマドンナリリーのスケッチは、現実に即した描写というより民芸品のように見えるが、それは何が描かれているかすぐにわかる、当時としては数少ない植物画のひとつである。おそらく西洋の画家たちは、この花がキリスト教のシンボルとして重要なため、正確に描くよう注意したのだろう。14世紀のイタリア美術において自然主義が徐々に台頭してきたとき、このマドンナリリーは手本を示したようだ。ウィルフリッド・ブラントは『挿絵入り本草書 *The Illustrated Herbal*』の中で、ジョットは「まだ木々を特大のハーブのように描いていた」。そして「14世紀のかなりの期間、トスカーナの画家たちの絵にあるほとんど唯一見分けのつく花はたまに登場するマドンナリリーだけだった」[3]と述べている。

しかし、ルネサンス期の植物画の高度に発展した自然主義をもたらしたのは、宗教ではなく、世界を揺るがすいくつかの出来事だった。印刷技術の発達は、正確かつ鮮明に図版を複製し、より広範な読者に届けることを可能にした。新たな土地への探検は、中世世界の人々の目を直接的な観察に向けさせた。そして、古い文書を書き写すのではなく、挿絵画家が雇われて新たに発見された種を記録した。この目的のためだけに画家が遠征の航海に同行し、十分に成長して花の咲いた植物の姿を、長い帰国の旅でそれが枯れたり取り返しがつかないほど変化する前に描きとめたのである。大庭園の中でも、挿絵画家は数を増やしつつあった植物学者と協力して働いた。中世の本草書は、古代のものと同様、もっぱら植物の薬理効果に関するものだった。しかし、17世紀には植物学が医学とは別の独立した科学として登場し、その関心は植物や花自体の姿へ移りつつあった。新しい科学、そして異国の宝物を手に入れるスリルに命を捧げる人々の、活気に満ちた植物学の時代が始まったのである。

当時の大庭園の多くと同じように、ボタニカルアートもヨーロッパの交易と植民地支配の中心地で発展した。遠く離れた土地から新たな標本がドイツ、オランダ、フランス、イギリスの港に到着し、植物学の研究や個人の庭に植えるために収集している人たちへ販売された。木版印刷は、16世紀に自分自身の観察に基づいた「植物の生き写しの絵」を制作したふたりのドイツ人挿絵画家、ハンス・ヴァイディッツとレオンハルト・フックスによって大きく改良されていた（17世紀後半にカリブ海地域で発見されたフクシアはフックスにちなんで命名され、この花の赤紫色もフクシア色と呼ばれる）。ヴァイディッツは、当時のもっとも有名な本草書のひとつで、植物学者オットー・ブルンフェルスが1530年に初版を出版した『本草写生図譜』の挿絵を制作した。ブルンフェルスはディオスコリデスが言及した薬用植物を踏襲したいと思ったが、ヴァイディッツは自然を見たままに描き、その中にはページ全面を使ったスイレンの絵もある。[4]

17世紀初めには花はしだいに食料や医薬のためだけでなく、純粋にその美しさと装飾性のためにも育てられるようになった。自分の庭園の素晴らしさを記録にとどめ目録を作るため、金持ちや権力者は画家に、花譜と呼ばれる図版入りフォリオの制作を依頼した。最初の重要なものが、ニュルンベルクでアイヒシュテットの司教の庭園の記録として1613年に出版された『アイヒシュテットの庭園』である。薬剤師のバシリウス・ベスラーによって制作されたこの花譜には、薬用植物に限らず、司教が世界中から集めた667以上の異国の植物が記録されており、その中にはオレンジ色の *L. bulbiferum* の生き生きとしたイラストもある。ナンシー・キーラーが『永遠(とわ)に花咲く庭』［佐

クリストフ・ヤーコプ・トロゥー（1695 〜 1769）、*Lilium foliis*、ゲオルク・ディオニシウス・エーレットの原画をもとにした手彩色銅版画。アメリカンスワンプリリーと呼ばれるこの多数の花をつける背の高いユリは、のちに *L. superbum* というもっと魅力的な名前を与えられた。

藤真実子訳、名古屋ボストン美術館、2009年」に書いているように、それは「木版画の挿絵が入った本草書の時代から、銅版画の挿絵が入った大きなフォリオの時代への移行を示して」おり、「その後の花譜の手本になった」[5]。2001年11月28日に、1冊がロンドンのクリスティーズで140万ドルで落札され、これは今のところボタニカルアートの本につけられた最高価格である[6]。花譜は野生の花でなくもっぱら栽培されている花を扱った。ユリや、チューリップ、ラッパズイセンおよびそのほかのスイセンのような東洋からやってきた新しい球根植物に特化したものもある。磁器製品やそのほかの装飾芸術の花柄の見本帳としても使われた。本草書と花譜はのちに、ユリやそのほかの花を織物、敷物、壁紙の柄を考案するうえで、ウィリアム・モリスをはじめとするアーツ・アンド・クラフツの芸術家たちに影響を与えた。

18世紀中頃の最高の植物画家ゲオルク・ディオニシウス・エーレット（1708～70）は、オランダに住むイギリス人銀行家ジョージ・クリフォードが所有するアムステルダムの庭園の目録を作った。そして1737年、彼はスウェーデンの植物学者リンネと協力して、初めて花の解剖図を載せた『クリフォード植物園誌』を制作した。彼のイラストは、同じ年に『自然の体系』として発表されたリンネの植物分類と新しい植物学用語の革命的な理論を広めるのを助けた。リンネの分類理論（のちに、もっと洗練された体系に変更された）は、植物の生殖器官に基づいたものだった。エーレットが最初はこうした生殖にかかわる細かな部分を描くのを嫌がったと、リンネは語っている。

縞のある白ユリ（*L.candidum* var. *purpureum*）、ヤコブ・ファン・ハイスムによる水彩画、1723 ～ 46年。

エーレットは最初、雄しべ、雌しべ、そのほか小さな部分が絵を台無しにすると主張して、絶対に描きたがらなかった。しかし最後には降参し、それからこの種の作業をとても好きになり、以後彼はきわめて微細で重要ではない部分も観察した。[7]

エーレットがのちに描いたアメリカンスワンプリリー（*L. superbum*）のイラストを見ると、彼が非常に美しい絵を描くと同時に、雌しべ、雄しべ、葯を細部までこだわって描くのを楽しんでいたことがわかる。もっと前の本草書の挿絵とは異なり、彼のユリの絵には根も球根も種子もない。この時代のほかの挿絵画家と同じように、花自体に焦点を合わせていたのだ。エーレットはヨーロッパの活気あふれる植物学の中心地に欠かせない人物であった。彼がアメリカンスワンプリリーを描いたのは、植物学を少し勉強して北アメリカの植物を販売した織物商人ピーター・コリンソンのロンドンの庭園だった。コリンソンは1736年にフィラデルフィアの農場主ジョン・バートラムから最初のアメリカンスワンプリリーの球根を受け取った。バートラムは、植民地からヨーロッパへ何千もの植物や球根や種子を送った人物である。[8]その絵は、ドイツの医師で『アイヒシュテットの庭園』の17世紀のオリジナル版も含め多数の植物画を収集したクリストフ・ヤーコプ・トロゥーが出版したフォリオ『植物選集図譜』（1750～65）に収められている。

1786年にフランスの挿絵画家ピエール＝ジョゼフ・ルドゥーテ（1759～1840）が新しい多色刷りの手法を採用し、これによって彼は当時もっとも世に知られた挿絵画家になった。それは点刻彫版法といって、印刷版のカラーインクを受ける部分に多数の点を刻む手法であり、こ

Lilium lancifolium と *L. lancifolium roseum*、手彩色銅版画（エッチング）、ロバート・トンプソンの『ガーデナーズ・アシスタント』（1859年）の図版、19世紀に盛んに刊行された多数の園芸雑誌のひとつ。

れによって彼は花の繊細なニュアンスを表現できるようになった。１８０２年にジョセフィーヌ皇后に雇われたルドゥーテは、その後14年間働いて、マルメゾンにある彼女の膨大な植物コレクションのユリ、デイリリーそのほかの花の豪華な図版を５０８点掲載した『ユリ科植物図譜』［学習研究社、１９８８年］を制作した。ランなどこの本にある花の多くがユリ科の植物ではないため、このタイトルは誤解を招く恐れがある。ルドゥーテはプランティンリリーすなわちギボウシもこの本に入れている。１７９０年に中国からイギリスにもたらされたこの植物は、まだ栽培され始めたばかりで、青いデイリリーとされた。現在ではキジカクシ科に分類されている。

19世紀の終わりにイギリスの医師で薬用植物学者のロバート・ジョン・ソーントンが、非常に野心的で個性的なボタニカルアート集の制作に着手した。彼の『フローラの神殿』［荒俣宏編著、リブロポート、１９９０年］と比べることのできるものはなく、多くの批評家にとってそれはよいことかもしれない。ほかのあらゆるボタニカルアート作品をしのぐことを意図し、「もっとも古い時代から現代まで植物学の哲学的原理をたどる」燃える思いの取り組みとして始まり、3巻からなる書物として世に出された。第3巻の『フローラの神殿』には、贅沢に彩色された外来植物の大きな図版が70点掲載されることになっていたが、ひどく芝居じみた背景になっている場合が多かった。「カナダユリ」（*L. superbum*）の背景は、アメリカ東部の風景としてソーントンが想像したのにちがいない荒涼とした山々になっている。「エジプト睡蓮」の設定はナイル川で、植物学と著者の愛国的な熱意をごちゃ混ぜにした説明が添えられている。ナポレオン戦争中にネルソン率いるイギリス艦隊がフランス艦隊に勝利した１７９８年のナイルの海戦のちょうど1年後に書かれたこの文章は、かなりの部分がこの海戦のことにさかれており、破壊されたフランスの船の満足げなリストがつけられている。ソーントンが文章を書いたが、図版は当時の一流の植物画家と版画家を雇って制作させた。この本は非常に高価になり、シャーロット王妃のほかイギリスや外国の王族など多くの富裕な予約者がいたが、嘲るような批評を受け、ソーントンの経済的破綻を招いた。完成した図版は31点しかなく、この本は金のかかる厄介な存在になった。しかし、この作品は今でも伝説的な人気を維持している。個別の印刷物として、あるいは本の形で、何年にもわたって再発行されているのである。2008年に刊行された最新のものはフルサイズの複製で、たいていのコーヒーテーブルより大きく、重さが30ポンド（13・6キロ）近くあった。

ボタニカルアートの制作は19世紀にピークに達した。アリス・M・コーツは次のように説明している。

> 19世紀の前半で、18世紀全体より多くの、そして16世紀と17世紀を合わせた数のほとんど2倍の、図版入りの花の本が発行された。白黒も多色刷りも一定の水準に達し、以来、これをしのぐものはなく、それは植物学者の要求に応じて画家、版画家、印刷業者が開発した技術によるところが大きい。[9]

しだいにガーデニングの人気が高まってくると、植物学の発見と園芸学の情報を組み合わせた定期刊行物が、植物画の新たな発表の場になった。イギリス、フランス、ベルギー、ドイツ、アメリカで発行された園芸雑誌は広範な読者層を引きつけた。19〜20世紀に発見された植物の多くは、『カーティス・ボタニカル・マガジン』で初めて知られるようになった。この雑誌は、薬剤師から植物学者になったウィリアム・カーティスによってロンドンで1787年に創刊され、現在でもキュー王立植物園で制作されている。19世紀の植物コレクターの中でもとりわけ重要なヴィーチ商会はこの雑誌で400以上の植物を紹介し、アーネスト・チャイニーズ・ウィルソンによってアジアで発見された野生のユリもそのひとつである。この雑誌の最初の挿絵画家シデナム・ティースト・エドワーズが1805年に描いた白いカラーリリー（*Zantedeschia aethiopica*）のイラストは、ジョージア・オキーフによる20世紀の絵と同じくらい魅力的である。エドワーズが去ってライバル雑誌を始めると、多作の挿絵画家ウォルター・フッド・フィッチ（1817〜92）が引き継ぎ、この雑誌のために約2700点の原画を制作した。最初はグラスゴーで織物のデザイナーをしていたフィッチは、さまざまな出版物のためにボタニカルイラストを合計1万点も生み出した。彼の作品の中でもとりわけ有名なのが、ヒマラヤ山脈で多くの植物を収集したプランツマン、ヘンリー・ジョン・エルウィズ（1846〜1922）が書いた『ユリ属の研究 *A Monograph of the Genus Lilium*』のためのユリの図版である。サッシェバレル・シットウェルの『すぐれた花の本 1700〜1900年 *Great Flower Books, 1700-1900*』（1956年）によれば、1877年から80年に制作された贅沢な図版を掲載したこの本は「ヴィクトリア時代の最高峰の装飾品のひとつ」だった。

フィッチはオオオニバスの美しい手彩色の図版も何点か制作し、1849年にこの植物に花を咲かせたパクストンの成功を祝して1851年に刊行された単行本で発表した。これらの図版のほか

アンリ・バイヨン、スズランのボタニカルプリント、1885 ～ 95年。

にも、この驚くべき「リリー」に注目したボタニカルイラストは何枚か描かれていた。オオオニバスはパクストンが偉業を達成する前から社会現象になっていて、19世紀の植物学の発見に大衆が熱心に注目していたことの証拠といえる。オオオニバスが発見されてすぐに、イギリスの植物学者ジョン・リンドリーがオオオニバスに関するフォリオ判の本を出版している。また、パクストンが首尾よく開花させたあと、ほかにも何人かが成功し、その中にふたりのアメリカ人がいた。どちらもアマチュアの植物研究家で、フィラデルフィア近郊のケイレブ・コープが1851年に、マサチューセッツ州セーレムのジョン・フィスク・アレンが1853年に成功した。イングランドでチャッツワースのパクストンの温室に人々がやってきたのと同じように、アメリカでも開花したオオオニバスを見に大勢の人がやってきた。コープは友人にあてて、「ヴィクトリアがこの国で初めて花を咲かせたとき、あなたがここにいてそのとき広がった興奮を目撃することができなかったのは残念です。うちの土地が完全に公共の所有物になったようでした[10]」と書いている。1852年にコープの庭師頭が、人気のあるアメリカの園芸雑誌『ザ・ホーティカルチャリスト』の編集者にあてて出した手紙に、興奮と驚きが続いている様子が書かれている。

我が国でのヴィクトリアの開花の特徴ともいえる人々の関心は、衰える様子がありません……この植物の美しさを至高の美と呼んでも過言ではないでしょう。その葉の構造から生まれたとてつもないアイデア——水晶宮——のように、それは別格であり無敵です。[11]

マドンナリリー（*L. candidum*）、マリア・ジビーラ・メーリアンの『ヨーロッパ昆虫誌』（1730年）より。

画家でリトグラフ作家のウィリアム・シャープは、アレンの温室にあるオオオニバスのイラストを制作するように依頼された。彼は、各成長段階にある巨大な葉と見事な花の図版を6枚制作した。ナンシー・キーラーは、彼が多色石版術つまりカラーのリトグラフを用いたことを、「アメリカにおけるカラー印刷の礎」と称している。彼女が述べているように、シャープのイラストはこの植物に花を咲かせるのと同じくらい先駆的なものだった。

タイム露光に似た手順で、シャープは花の絵を、それが開き始めてから開ききるまで順を追って描いた。直径1・8メートルに達する葉も、花と同じくらい重要とみなされた。縁が7〜13センチ立ち上がり、内側は緑、裏側は赤い色をした葉は、幻想的な浮遊するお盆のようだ。シャープは葉の裏側を描いて、巨大な葉面を支える構造をなしている並外れて太い葉脈を示した。彼の原画は骨の折れる多色石版術の工程を具体的に理解したうえで描かれており、理解していたからこそ微妙な色調を表現できたのだろう。[12]

シャープの図版は、アレンの詳しい文章とともに、1854年に出版された。それにはパクストンの業績についても書かれていたが、この本のタイトル『アメリカのオオオニバス *The Great Water Lily of America*』は、南アメリカで発見されてイギリスで最初に栽培されたこの植物に関し、アメリカに主役の座を与えている。

数世紀にわたって男性が植物画家として名声を得た一方で、19世紀より前はこの職業につく女性

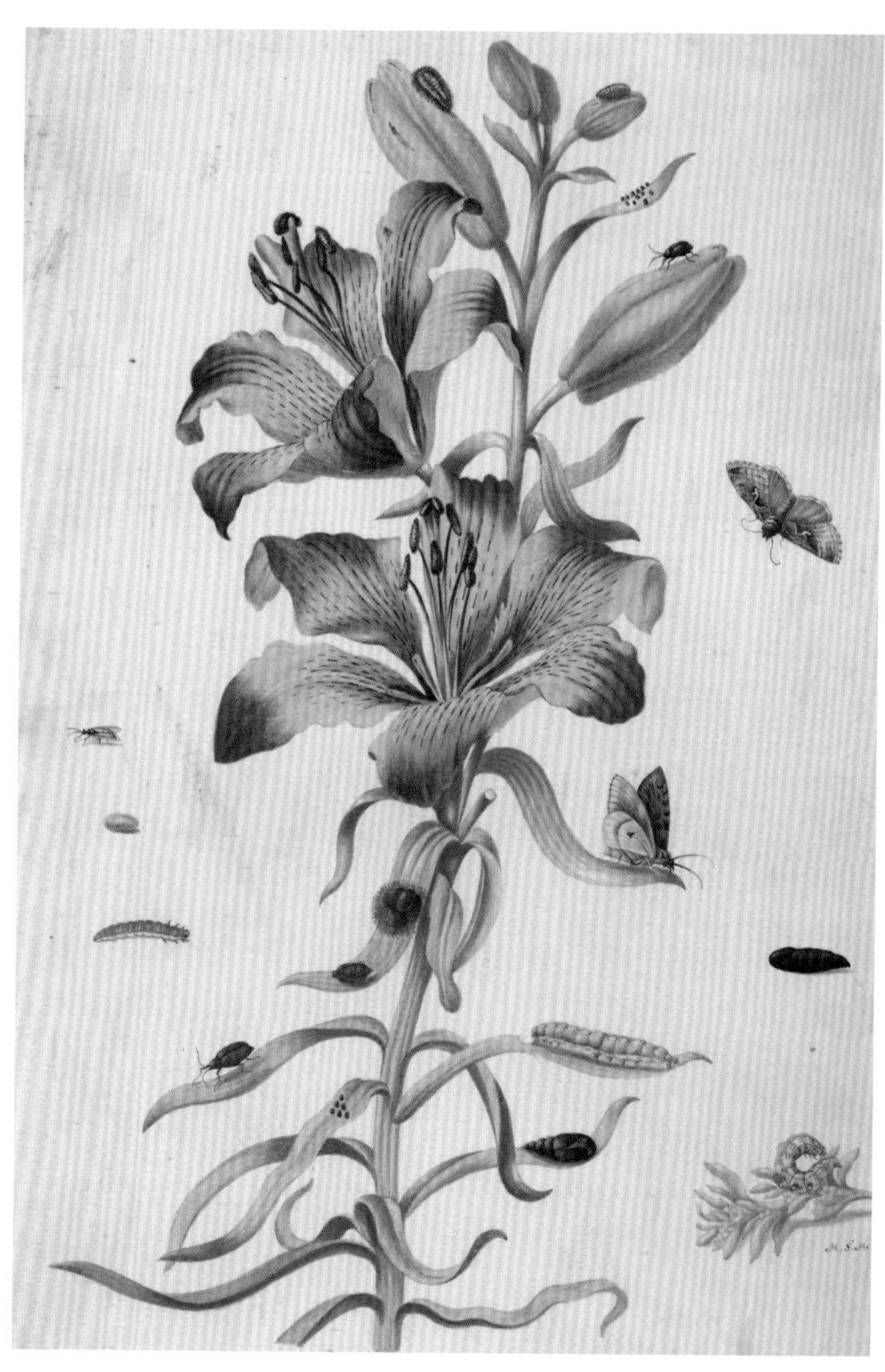

マリア・ジビーラ・メーリアンによるユリの上でのガの生活環、1691 ～ 99頃。メーリアンはごく初期に植物画家として認められた女性のひとりである。

はまれだった。しかし、女性たちはずっとこの分野に積極的に参加していた。17世紀の中頃、マリア・ジビーラ・メーリアン（１６４７～１７１７）は、黄金期にあったオランダ絵画の精密な技巧と科学的正確さを合体させた。ドイツで版画家の家庭に生まれ、スリナムへ行き、熱帯の動植物を記録した最初のヨーロッパ人のひとりになった。しかし、メーリアンの個人の業績は例外である。ボタニカルアートの本の制作には女性のチームが人知れず働き、白黒のイラストに手で彩色していた。植物商の妻や娘も、花のカタログに挿絵を入れて家業を助け、この分野で確かな技術をもつようになった。その一方で、18世紀には、花をスケッチしたり絵具で描いたりするのは育ちのよい女性だけの気晴らしとみなされていた。その人気をリードしていたのがイギリスの王族、とくにジョージ3世の妻で植物学の勉強もしたシャーロット王妃である。ソーントンの『フローラの神殿』も含め多数の植物学の本が王妃に捧げられた（4つのリンゴの新品種が彼女に敬意を表して命名され、「アップル・シャーロット」という料理もある）。

　20世紀前半に印刷の技術革新が起こったが、『カーティス・ボタニカル・マガジン』は１９４８年以前は手彩色の図版しか使っていなかった[13]。それでも雇われていた女性たちがみな舞台裏にいたわけではない。１８７８年にフィッチが退職したあと、マチルダ・スミスが主任画家になった。そして、１９２２～５２年にはリリアン・スネリングがこの雑誌の主任画家を務め、彼女の個人の業績のひとつに、エルウィズの『ユリ属の研究』の追補（１９３４～４０）がある。ヴィクトリア時代後期の傑出した植物画家がマリアン・ノース（１８３０～９０）で、たいていひとりで世界中を旅し、珍しい植生や花を絵に描いた。女性の植物画家のものとしては初めてのノースのギャラリーが、1882年にキューガーデンにオープンした。それまでイギリスで目にしたことのない植物を細部まで描いたノースの油絵は、写真が登場する前だったのでなおさら注目された。

◉枯れる前にユリをよく見る

何世紀もの間協力関係にあったボタニカルアートと植物学が、現代的な写真撮影術の発明でしばらく関係を断った。植物学や園芸に関する多くの出版物が微妙な色合いのイラストを捨て去ったのである。それでも、20世紀後半に新たな波が起こり、ボタニカルアート自体と、科学図版において いつまでも続くその役割が高く評価されるようになった。人気が復活したおもな理由のひとつが、地球温暖化と開発が進み、自然が残る地域で危機に瀕している種を文書に記録する必要性が認識されてきたことである。メーリアンとノースが熱帯で描いた種の多くが、その後消えてしまった。20世紀中頃に、もうひとりの非凡な画家で恐れを知らない旅行家マーガレット・ミー（1909～88）が、消えつつある熱帯の植物を記録し、開発について早くから警鐘を鳴らした。それ以前の数世紀に探検の航海に同行した画家たちよりも勇敢で小柄な中年女性のミーは、ひとりで旅をしてアマゾンの熱帯雨林に入り、同行するのは現地のガイドだけということもあった。丸木舟で人里離れた地区へ到達すると、夜開花するスイレン（*Nymphaea rudgeana*）などエキゾチックな種をスケッチし、そうした植物を栽培のためリオデジャネイロへ持ち帰った。こうして、それまで知られていなかった4種が、彼女にちなんで命名された。21世紀になってもやはり植物画家が科学調査の遠征旅行に同行し、新たに発見されたものを記録している。アメリカの画家スーザン・コフィーは、2007年にブラジルで噂になっていたオオオニバス属の新しい矮性種を探す、植物形態学者ドナルド・S・バーン率いるチームに参加した。チームはアマゾン川の支流のほとりでそれを発見した。彼女はわずか3日でこの植物のあらゆる細部を描き、それは国際ユリ登録簿に登録申請するときに非常に貴重な記録になり、ブラジル政府に正式に贈呈された。[14] キューガーデンの元園長ピーター・クレインのような今日の一流の生物学者たちは、ボタニカルイラストは「300年前と同じくらい現在でも重要だ」と思っている。「植物の本質をとらえ、構造を記録し、それと同時に非常に美しい作品を制作できる技能は今でも求められている。そうした技能が何かに取って代わられたことはない。現代の最高品質のカメラにもだ[15]」

◉再び花に目を向ける

しだいに多くの才能ある画家たちが主要な施設に受け入れられ、ボタニカルアートの復興(ルネサンス)が起こった。ピッツバーグにあるカーネギーメロン大学の研究センターおよび図書館として1961年に設立されたハント・ボタニカル・ドキュメンテーション研究所は、ゲオルク・エーレットからマーガレット・ミー、そして「アメリカ屈指のボタニカルアーティスト」として知られるアン・オフェリア・トッド・ダウデン（1907～2007）の作品の広範なコレクションを収蔵している。2000年にブルックリン植物園は、「ボタニカルイラストの何世紀も前の形をよみがえらせるため」

フローラリージアム協会を設立した。フローラリージアム（フロリレジウム、花譜）は、17世紀以降、ほとんど使われていなかった言葉である。「この国の何人かのとくに秀でたボタニカルアーティスト」からなるグループが、有名なスイレン池をはじめとしてブルックリン植物園にある顕花植物の生きたコレクションを記録している。２００８年には、古くから植物学とボタニカルアートの第一の中心地であるキューガーデンが、歴史的作品と現代作品の両方のボタニカルアートを展示するシャーリー・シャーウッド・ギャラリーをオープンした。今日では、科学的文書、本の挿絵、純然たる美やときには一風変わった裏の意味をもつ想像力に富む作品の形で、じつにさまざまなボタニカルアートが制作されている。たとえば現代アートの作家リサ・ホーリーは、ある金融機関から依頼されて、１９８０年から９０年までの10年間のダウ・ジョーンズのチャートを大まかに表す配置でデイリリーを描いた。１本の枯れた花は、１９８７年のブラックマンデーの暴落を表している。[16]画家たちがイラストを描いた植物と同様、ボタニカルアートの作品自体も収集対象になった。そして、現代のカラー印刷技術により、今でも植物の美しさを見たくてたまらない、より広い範囲の人々のもとに届けられるようになった。

ヤーコポ・ティントレット、《天の川の起源》、ヘラとその胸のヘラクレスを描写、1575年頃、キャンバスに油彩。ヘラの乳房から空に向かって飛び散った乳から星ができ、地面に落ちたしずくが白ユリになったといわれる。もともとはこの絵の下の方にユリがあったが、もう見ることができない。17世紀にこの絵が略奪されたとき、キャンバスの下の部分が切り取られたからである。

第5章　乳と血と性――ユリの神話学

女神であろうが聖人であろうが、古代の宗教において母は圧倒的な存在である。その性的側面は誇示されることもあれば禁じられることもあり、写実的に描かれることもあれば神秘的に描かれることもある。それでも多くの表現の根底には繁殖力への崇敬の念があり、この性質は異教徒の伝説でもキリスト教徒の伝説でもしばしばユリによって象徴される。

ギリシア・ローマ神話では母は情熱的な生き物である。神々の母で女性と結婚の女神であるヘラの伝説では、子育てに不可欠な要素である母乳からユリが生まれる。もちろん神話にその植物が明示されているわけではないが、乳の色からいって、それはきっとギリシア人やローマ人によく知られている白いマドンナリリー（*L. candidum*）だったのだろう。この神話は意志の衝突、策略、母親らしくない振る舞いの物語である。ヘラはローマ人にはユノと呼ばれ、空の神であらゆる神と人間の父であるゼウス（ローマ神話ではユピテル）の妻――そして姉――だった。ほかの多くの女性との間に子どもをもうけたゼウスは、私生児のひとりで人間の女性の息子であるヘラクレスに幼いうちから神になってほしいと思った。そこで、ヘラにこの子に授乳するようたのんだ。そうすれば彼女の乳によりヘラクレスが不死の存在になるからだ。嫉妬深く執念深い妻ヘラ——母親の陣痛のときにヘラクレスが生まれるのを妨げようとしたことがあった——は絶対にいやだと断った。そこでゼウスはヘラに眠り薬を与え、子どもを彼女の胸に置いた。ヘラクレスがむさぼるように乳を吸ったのでヘラが目を覚まし子どもを押しやると、乳が天に飛び散り、こうして天の川ができた。そして、大地に落ちたしずくは白いユリになった。

紀元前1世紀に、カエサル・アウグストゥスに仕えたラテン語学者で図書館長のガイウス・ユリウス・ヒュギーヌスが、この古代神話に言及している。神話は東ローマ帝国の植物学の教科書『ゲオーポニカ』に収録され、おそらくそれがティントレットの素晴らしい絵画《天の川の起源》のもとになったのだろう。この神話を力強く描写した彼の絵には、天を舞うたくましい姿の神々と、ヘラの胸から放たれる星々が描かれている。しかしそこにユリはなく、そのこと自体ひとつの物語である。地面にユリがある絵は、自分のことをヘラクレスのように思っていて「ライオンの毛皮を着て棍棒を手にした肖像画を描かせた」[1]神聖ローマ皇帝ルドルフ2世のものになった。ティントレットは下の方にユリを描いていたのだが、1世紀近くのち、三十年戦争末期の侵略の最中にオリジナルのキャンバスの下の部分は失われてしまった。1648年にスウェーデンの兵士がプラハの王宮からこの絵を略奪し、その過程でキャンバスの3分の1をなくしたのだ。[2] 現在はユリがないままロンドンのナショナル・ギャラリーに掛かっている。それでもこの神話はほかの多くの場所、たとえばイングランドで1597年に最初に出版されたジョン・ジェラードの『本草書』に登場する。ジェラードは白いユリを、「伝えられているように地面に落ちた彼女の乳から生えてきたので、ユノのバラ」と呼んでいる。

母性と反対のものを具現化したのがアダムの最初の妻リリス（リリト）で、ユダヤの民間伝承に由来する人物である。彼女の名前は、あの世の入り口で死者を出迎えるエトルリアの死の女神レイントの名前から変化したのかもしれない。この物語のいくつかのヴァージョンで、入り口はユリの形をしている。ほかの古代の文化のさまざまな伝説で、リリスは生まれたばかりの子どもを殺したりさらったりして、悪魔の息子を身ごもるために男たちと寝て誘惑する夜の悪魔である。リリスへの恐怖は何世紀も続いた。ヘンリー・キーンによる1930年頃の恐ろしいリトグラフは、顔をしかめた裸の姿で描かれている。足元に頭蓋骨とユリが散乱し、雌しべの柱頭が勃起した男根に似ている。

ほかの古代の伝説ではユリの性的意味合いはもっと抑えられている。北欧神話の女神オスタラは、若者の愛と幸せな結婚生活の霊的守護者である。オスタラは豊穣の季節である春の訪れを告げるが処女神で、聖母マリアの前身にあたる異教の女神とみなす歴史学者もいる。春に咲くスズランは再生のシンボルとしてオスタラとも聖母とも結びつけられ、キリスト教では復活のしるしでもある。ユリは、やはり豊穣の処女神である古代中近東のイシュタルとも結びつけられた。よく知られているおとぎ話だけでなく『ドイツ神話学』（1835年）の著者でもあるヤーコプ・グリムをはじめとして、言語学者たちはイシュタルやオスタラという名前がイースターになる語源学的変化を調べた。

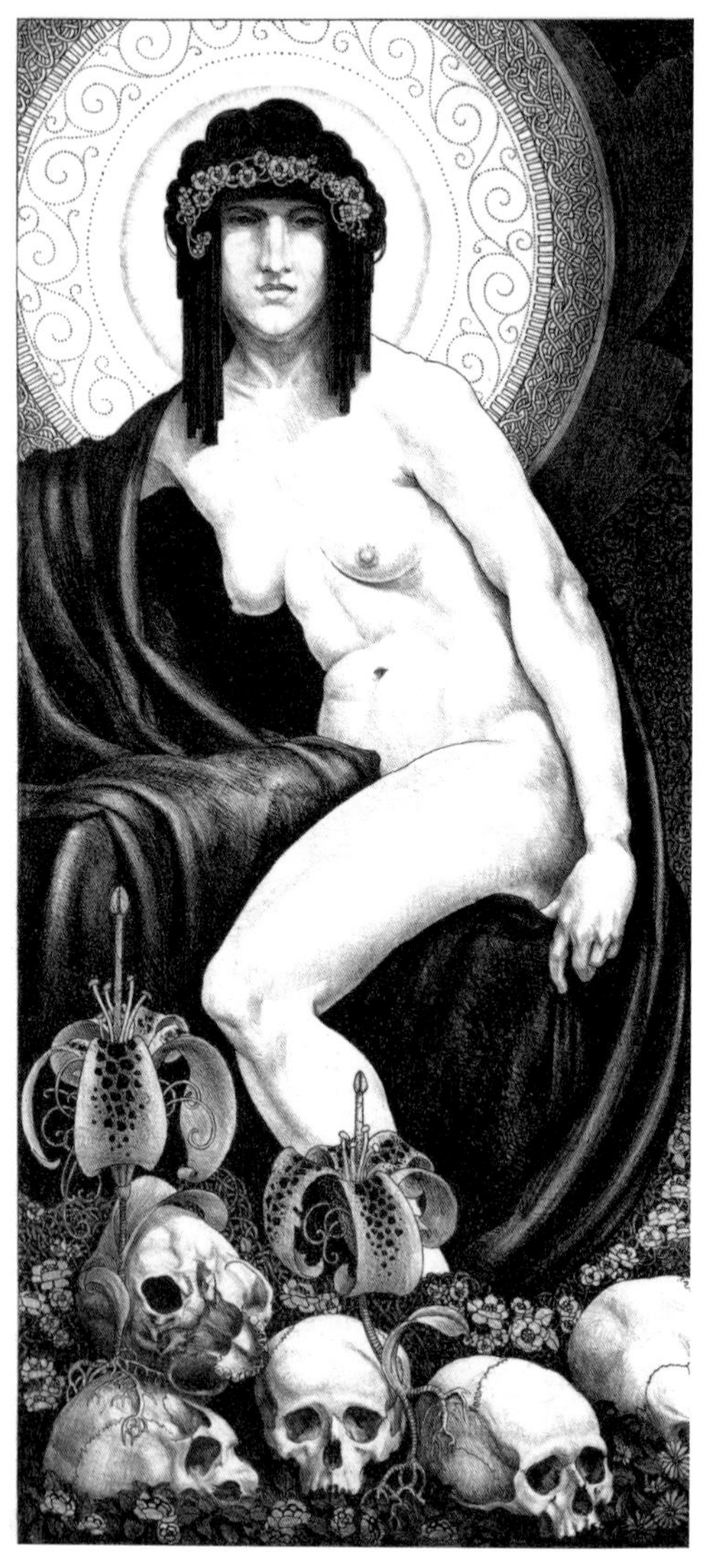

ヘンリー・キーン、《リリス》、1925～30頃年、リトグラフ。この伝説の悪魔のような人物の足元に生えているユリは性的に邪悪な植物として描かれている。

白ユリは早くも2世紀に聖母マリアと結びつけられた。この時代からキリスト教の伝承では、マリアの死から3日後に彼女の墓を訪れたところバラとユリのほかは何もなかったといわれる。ラテン語の詩で古くから赤いバラは情熱を白いユリは純潔を表すシンボルとして使われ、それがキリスト教の図像体系に取り入れられて、赤いバラはキリストの血、白いユリはマリアの純潔を意味するようになった。カトリックの教義によれば、マリアは処女母であるだけでなく、母の胎内に宿った瞬間から原罪を免れた。この無原罪懐胎の教義はドミニコ会修道士から退けられ、最初は受け入れられなかったが、フランシスコ会修道士の支持を得て15世紀にしだいに広まっていった。カルロ・クリヴェッリの絵画《無原罪懐胎》（1492年）には聖母の純潔のシンボルとして透明なガラスの花瓶に立てられた1本の白いユリが描かれており、これはこの教義を図解したもっとも早い時期の絵かもしれない。無原罪懐胎は1854年に教皇ピウス9世により正式に教義とされた。

キリスト教とアメリカ先住民の伝説が、「モホークのユリ」と呼ばれるカテリ・テカクウィタという人物で融合した。彼女は17世紀にニューヨーク州北部にいたキリスト教改宗者で、1980年に列福され、カトリック教会により列聖される最初のアメリカ先住民となった。ニューヨーク州スケネクタディの近くにある彼女の聖堂は、国立公園局が管理する史跡になっている。1656年にモホーク族の酋長の娘として生まれ、わずか4歳のときに両親と弟を天然痘で亡くした。彼女は病気から快復したが、顔にひどい傷跡が残り視力が衰えた。フランス人宣教師によってカトリックに改宗したテカクウィタは18歳で純潔の誓いを立て、高潔と揺るぎない信仰と聖母マリアへの献身という伝説的な生涯を送る。そして1680年、24歳の誕生日の直前に亡くなった。目撃した人々は、

「亡くなってから何分もたたないうちに天然痘によるあばたが完全に消え、顔はまばゆいばかりの美しさで輝いた」と主張した。死後、彼女が多くの人々の前に現れ、癒しの奇跡を起こしたと証言した人たちもいる。[3]

高貴な聖母というマリアのイメージがキリスト教の伝統の中で時代を超えて不動のものになったが、現代の歴史家には違った見方をする人もいて、そのイメージは変わってきた。『マリアを再考する——芸術から女性的自己へ *Re-imagining Mary: A Journey through Art to the Feminine Self*』（2009年）でユング派の分析家マリアン・バークは、キリスト教の処女懐胎の概念は異教の自殖の伝説に基づいていると主張している。端的にいうと、彼女はこの説の具象物がユリだと考えており、「神話と古代ギリシア・ローマ時代の象徴体系におけるユリは、女神の自殖の力を表している。ローマの女神ユノは、自分のユリをそのように使って、マルス神を身ごもった。すべての英雄神は超自然な力により生まれたのだから」[4]と書いている。バークはローマの詩人オウィディウスによるある物語に言及している。その中で好色なユノ（ヘラ）でさえ処女懐胎で子どもを産むが、この場合はユノの嫉妬が原因だった。ミネルバ（アテナ）を自分の額から直接産んだユピテル（ゼウス）に嫉妬したユノは、花の女神フローラに自分ひとりで子どもを身ごもる方法をたずねた。フローラから魔法のユリを与えられたユノは、それに触れるだけでマルスを身ごもった。だから、マルスはローマ人から戦争の神としてだけでなく、農業の守護者としてもあがめられたのである。

古代ギリシアとローマの結婚式では、花嫁は多産のしるしとしてユリの冠をかぶった。ギリシア・ローマ神話にユリの構造的特徴が具体的に出てくるものがいくつかあり、この植物の目立つ雌雄の要素を絵を見るように描写している。愛と美と性的情熱の女神アフロディーテ（ローマ人にとってはヴィーナス）は、しばしばバラで表される。マリーナ・ハイルマイヤーの『花言葉 *The Language of Flowers*』によれば、ユリの美しさに嫉妬したアフロディーテは、「ユリに男根を連想させる雌しべを与えた」という。[5] 基部に子房を含む雌しべは花の女性部分で、花粉をつける雄しべに囲まれているから、この行為には倒錯的な歪みがある。皮肉なことに、ユリ属の花は実際には自家不稔性だ。自分の花粉が柱頭についても種子ができないのである。つまり、ふたつの別々の株の間で他花授粉が起こる必要があるのだ。アフロディーテの神話への皮肉な補足となるが、現代のアフロディーテという名のユリの園芸品種は花粉ができないように育成されたものである。種苗業者の広告には、「厄介な花粉の汚れを心配せずに」フラワーアレンジメントに使うことができると宣伝されている。おそらくこの品種の名前は暗に、性的交わりではなく父親の去勢の結果生まれたこの女神の誕生神話をいっているのだろう。切り落とされた彼の一部が海に投げ込まれ、それがもとになって娘が貝殻から出現するのだが、これはよく知られているようにボッティチェリの《ヴィーナスの誕生》に描かれている。

バラは、文学の歴史を通してユリと「花の女王」の座を争ってきた。シェイクスピアはそのことを『ヘンリー八世』の中でそれとなくいっており、キャサリン王妃は、ついに王の妻の座を退くことに同意するとき、「かつては野の女王として咲き誇った百合の花のように、私は頭を垂れ、枯れしぼむしかない」（『ヘンリー八世』第3幕第1場、小田島雄志訳、白水社）という。このライバル同士の花の陽気な寓意物語が、ウィリアム・クーパーの詩「ユリとバラ」（1782年）の中で展開する。女神フローラが介入して、どちらの花にも公平に争いを解決するのだが、この話の最後で、クーパーはイギリスの美しさに対する賛辞の中でふたつの花の色を両立させている。

ニンフは女友だちを失うにちがいない、
　相手より崇拝されるなら。
けれど激しい争いはどこで終わるのだろう、
　花たちが口論してばかりなら。

平和な庭に
　争うふたつの美しい花が現れた。
女王の座が欲しくてたまらない
　ユリとバラ。

バラはすぐに赤くなって怒り、
　尊大に膨らむけれど、
たくさんの詩人の書物に出てくるのが
　女王にふさわしい証拠。

ユリは高いところから命令する、
　色白の威厳のある花。
フローラの手のためにできているような、
　女神の力を示す笏（しゃく）。

みんなが口論し議論するのを
　女神がたまたま耳にして、
花園の誇りを守ろうと
　飛んで行ったが遅すぎた。

女神はいった。あなたのほうが高貴な色合い、
　そしてあなたのほうが気品のある物腰。
　3つ目の花があなたたちよりまさるまで、
　どちらも女王と思われていればいい。

こうしてなだめられ仲直りして、どちらも
　一番のイギリス美人になろうとする。
帝国の中枢はその両の頬、

ふたつが団結して統治する。

女性の美しい容貌をユリやバラでロマンチックにたとえるのは、18世紀と19世紀によく見られた表現である。科学的な考えをもつリンネさえ、ピンクと白の花が理由で *Amaryllis belladonna*（ホンアマリリス、*belladonna* は「美しい貴婦人」という意味）と命名した。

◉リリーの伝承

いくつもの種類の「リリー」が、そのほかのさまざまな伝説のテーマになっており、エロティックなものもあれば、暴力的なもの、感動的なもの、そして英雄伝説もある。大人になったヘラクレスがスイレンの神話に登場し、スイレンとロトスにまつわる物語が始まる。水のニンフであるロティスはヘラクレスの男らしさに夢中になるが、ほれぼれと見とれる彼女にヘラクレスは応えず、ロティスは悲しみに打ちひしがれて死んでしまう。若さと春の女神へーベーはロティスを紫の花をつけるスイレンに変える。妹のニンフ、ドリュオペーがのちにこのスイレンを見つけ、それを摘むと茎から血がしたたった。ドリュオペーはロトスの木になり、ホメロスの伝説でロトパゴス族を魅了する一切を忘れる実をつける。

オウィディウスの詩では、スイレンは邪悪な誘惑の花である。ヘラクレス（ここではローマ版のヘラクレス）は、若い従者のヒュラスと一緒にアルゴ探検隊とともに金の羊毛を探して航海してい

ジョン・ウィリアム・ウォーターハウス、《ヒュラスとニンフたち》、1896年、キャンバスに油彩。オウィディウスの古代の物語では、ここに人間の姿をしたスイレンとして描かれているニンフたちがヒュラスを誘惑して水死させる。

た。キオス島に立ち寄ったとき、ヒュラスはのどの渇きをいやすため池を探しに行き、水のニンフたちが何人もいる池に近づく。ニンフたちは一緒に水に入るようしきりに誘い、ヒュラスが断わると水中に引き込んでしまう。ヒュラスの叫び声を聞いたヘラクレスは少年を探すが見つからない。そしてアルゴ号はふたりを残して出帆する。

この物語はジョン・ウィリアム・ウォーターハウスによって絵画《ヒュラスとニンフたち》(1896年)に官能的に描かれている。美術史家デブラ・マンコフは『フローラ・シンボリカ――ラファエル前派美術における花 *Flora Symbolica: Flowers in Pre-Raphaelite Art*』で、この画家の物語の性的描写について生き生きと記述している。

ニンフたちは……人間の姿をしたスイレンらしい。興奮でかすかに赤味を帯びた白く滑らかな肌と流れる赤褐色の髪をもつニンフたちは、やや乱れた輪になって水底から現れ、不透明な池の水面にスイレンのように浮かんでいる。キリスト教の伝承ではスイレンは汚れのない純粋さを表したが、19世紀後半には、この花が育つよどんだ水のせいで邪悪なものも象徴するようになった。男たちをうっとりさせて虜にし、遭難させるセイレーンや人魚のように、水のニンフたちは女性の性的欲望に対する男性の恐怖が具現化されたものである。その無垢な美しさが、不運な男性たちを濁った自分たちの領域に引き込もうとする飽くことのない欲望を隠している。[6]

黄色のスイレンの起源に関するアメリカ先住民の神話にも似たような物語があるが、そこでの役は逆になっている。この話の場合、超自然の存在を水中で死なせるのは若い男性である。夜空から星の乙女がダコタ族の酋長のもとを訪れ、地上に来て彼の部族とともに暮らしたいと話す。酋長は息子に、カヌーでこの乙女を湖の向こう側に住む部族の賢者のところへ連れていくよう命じる。暗闇の中、少年が急いでカヌーをこいでいると丸太とぶつかり、星の乙女は水に落ちて消えてしまう。「翌朝、乙女の光が消された場所にスイレンが生えていて、黄色い花が日の光に輝いていた」[7]

初期キリスト教の伝説では、隠者の聖レオナールと竜に姿を変えた悪魔の激闘のあと、スズランが出現する。レオナールはフランスの6世紀の聖人だったが、この伝説はイングランド、サセックスにあるセントレナードの森と結びつけられ、この森の一部は今でもリリーベッズと呼ばれている。[8]物語は戦いの日々について語り、最後の日に聖レオナールはついに竜の頭を切り取るが、その前に竜の爪が聖人の鎧を貫いていた。アメリカの作家で神話集や伝説集を出版したチャールズ・モンゴメリー・スキナー（1852～1907）は、この昔話をロマンティックに記述している。

その爪や牙が彼を打ち、彼の血が地面をぬらしたところには天がしるしをつけ聖別した。というのは、そこにスズランが生えたからである。巡礼者たちは森中いたるところにある白くなった戦いの跡をたどり、耳を傾けた者は雪のように白いスズランが勝利の鐘を打ち鳴らすのを聞くことができる。[9]

スキナーはほかに、ユリをたとえに使っている中世のふたつの民話について述べている。ひとつはつかの間の幸せ、そしてもうひとつは無条件のキリスト教信仰に関する話である。ひとつ目の話では、昔のノルマンディーの騎士が、墓地に腰を掛けユリを手にもつ美しい女性と恋に落ちる。彼女は、死について話してはならないという条件をひとつ出して、彼の「ユリの妻」になることを承知する。そして「私のことをこの世の命、咲きほこる若さ、愛のやさしさを表すと思ってください。そしてそれが永遠にあなたのものだと思ってください」という。一緒に何年も幸せに暮らしたのち、騎士はうかつにも死のことをうたった歌を歌い、妻は「霜にうたれた花のように萎れてしまった」。騎士は妻を抱きしめるが、妻はユリに変わり、その花弁が床に落ちる。

もうひとつの物語では、「無垢あるいは愚鈍」な少年がセビリアの修道院に入れられる。修道士たちが教えてやろうとするが、少年は単純作業しかできない。そして暇さえあれば「礼拝所にしのびこみ、ひとり座って『神様、信じています。お願いです。愛しています』とつぶやいていている

ソフィー・アンダーソン、《エレイン》、1870年、キャンバスに油彩。アーサー王伝説でエレインは失意のうちに死に、この絵では汚れのなさのしるしとして白ユリを手に握っている。

のだった」。ある日、少年が顔に笑みをたたえて死んでいるのが見つかる。埋葬のあと、墓からユリが1本生えてくる。修道院長が遺体を掘り出すよう命じた。すると「この無垢な少年の心臓がユリの根になっていたことがわかった」。この物語は、犯してない罪で処刑された無実の人の墓に人間の手で植えられてないユリが現れるという民間伝承に似ている。[10]

中世の神話に魅了された19世紀の詩人や画家が解釈したように、ユリはアーサー王伝説でも重要なシンボルである。アーサー王と円卓の騎士たちの物語を語る12の詩からなるアルフレッド・テニスンの『国王牧歌』（1856～85）は、この時代の多くの画家にインスピレーションを与えた。「ランスロットとエレイン」でテニスンはユリを若く純真なエレインのシンボルにし、このアストラットのユリの乙女はランスロットへの愛が報われず失意のうちに死んでしまう。彼女の悲劇的な死はソフィー・アンダーソンの絵画《エレイン》に感動的に描かれており、

エドワード・バーン＝ジョーンズ、「達成」、連作タペストリー《聖杯の探索》より、1896年、6枚目の「サー・ガラハッド、サー・ボース、サー・パーシヴァルが見た聖杯」。ガラハッドはその高潔な人格を示す背の高いユリのそばにいる。

葬儀の船で運ばれる若い乙女の白く冷たい手にはユリが握られている。詩の中でアーサーはエレインを埋葬させるが、墓には急に終わった彼女の貞節な少女時代のしるし、そして無垢な者を汚す者への警告として、1本のユリが彫られている。[11] 聖杯伝説、つまりイエスと弟子たちが最後の晩餐で用いた杯をさがす騎士たちの精神的探索の物語が、ラファエル前派の画家エドワード・バーン＝ジョーンズによる壮麗な6枚のタペストリーの連作に描かれている。1896年に完成した最後の場面「達成」では、礼拝堂の中の天使に囲まれた祭壇の上に聖杯が置かれ、礼拝堂の外には聖杯探しに成功した3人の騎士、ボース、パーシヴァル、ガラハッドが見える。もっとも純粋な心をもっていたガラハッドが礼拝堂の一番近くにいる。彼は戸口にひざまずき、そばに彼の純粋さを象徴する白いユリが高々と立っている。

まったく異なるユリの描写が、ウィリアム・ブレイク（1757〜1827）が創作した神秘的な神話に登場する。彼の複雑な哲学の一環として、この詩人は性的な行為を罪深いとする考えを拒否し、性を肉体と精神の融合に不可欠なものとして描いた。自身の叙事詩『エルサレム――巨人アルビオンの流出』（1804〜21）のために描いた挿絵では、巨大なユリの花弁の中で裸のカップルが抱擁している。

ウィリアム・ブレイク、『ロスの歌』（1795年）の挿絵。

Jerusalem.
Chap: 2.

Every ornament of perfection. and every labour of love,
In all the Garden of Eden. & in all the golden mountains
Was become an envied horror: and a remembrance of jealousy:
And every Act a Crime. and Albion the punisher & judge.

And Albion spoke from his secret seat and said

All these ornaments are crimes. they are made by the labours
Of loves: of unnatural consanguinities and friendships
Horrid to think of when enquired deeply into; and all
These hills & valleys are accursed witnesses of Sin
I therefore condense them into solid rocks. stedfast!
A foundation and certainty and demonstrative truth:
That Man be separate from Man, & here I plant my seat.

Cold snows drifted around him: ice coverd his loins around
He sat by Tyburns brook. and underneath his heel. shot up!
A deadly Tree. he nam'd it Moral Virtue. and the Law
Of God who dwells in Chaos hidden from the human sight.

The Tree spread over him its cold shadows. (Albion groand)
They bent down. they felt the earth and again enrooting
Shot into many a Tree: an endless labyrinth of woe!

From willing sacrifice of Self. to sacrifice of (miscall'd) Enemies
For Atonement: Albion began to erect twelve Altars,
Of rough unhewn rocks. before the Potters Furnace
He nam'd them Justice. and Truth. And Albions Sons
Must have become the first Victims. being the first transgressors
But they fled to the mountains to seek ransom: building A Strong
Fortification against the Divine Humanity and Mercy.
In Shame & Jealousy to annihilate Jerusalem!

ウィリアム・ブレイク、『エルサレム ── 巨人アルビオンの流出』（1804～21）の挿絵。ユリはブレイクの神秘的な心象表現に欠かせないものだった。

ノーラのユリ祭り、イタリア。この1868年の絵にある塔は、5世紀の聖パウリヌスの奴隷の身からの帰還の物語をたたえてユリでおおわれている。

イタリアの聖パウリノ（354頃～431）の伝説は、今日、ナポリからニューヨークまでユニークなユリ祭りで祝われている。イタリアではフェスタ・デイ・ジーリと呼ばれ（ジーリはユリを意味するイタリア語）、アメリカ最大級のユリ祭りが開かれるブルックリンでは、ジーリョと呼ばれている。この伝説は、聖パウリヌスとも呼ばれる、ナポリの南にある小さな港町ノーラのパウリノ司教の話である。西暦400年頃、この町に北アフリカ人が侵入し、男や少年たちを奴隷にした。伝説によれば、ひとり息子を連れていかれた未亡人が司教に助けを求めると、彼はその子と交換に自分自身を差し出した。そして、奴隷として数年過ごしたのち、自分とノーラの男たちの自由を勝ち取る。彼らが家に帰ると、町の女たちがユリを振って出迎えた。パウリヌスをたたえる祭りは、町の中心にある教会へユリを捧げるささやかな行事からしだいに大きくなって、ユリと聖人像を柱の上に取り付けてのパレードになった。中世からルネサンス期まで、職人ギルドは互いに競ってユリを表す一番高い塔をデザインし、それを運んで町を練り歩いた。この伝統は現在もノーラで続いており、男性のチームが8つの巨大な尖塔を運ぶ。19世紀後半にはノーラからの移民がブルックリン区ウィリアムズバーグに定住し始め、一緒に祭りを持ち込んで、その伝統をイタリア系アメリカ人の間で代々伝えてきた。1887年に始まったこの毎年恒例の行事は、今では地元住民がユリで飾った高さ24メートルのジーリョの塔を囲んで行われる楽しいショーになった。頂上にパウリノの像をのせ拡声器とイタリア国旗で飾られた塔が取り付けられた舞台には、12人編成のブラスバンドと歌手もいる。塔もバンドも全部まるごと、130人の踊りながら行進する男たちが持ち上げて運ぶ。彼らは何度も持ち上げては通りを行進し、4トンの重荷を一度におよそ9メートル運ぶ。毎回、「オー ジーリョ エ パラディーゾ」という祭りの歌とともに持ち上げるのだ。1959年に書かれたこの歌は持ち上げるたびに大きくなり、それに合わせて男たちや群衆が道路で跳ねる。近年では、バンドは映画『ロッキー』（1976年）のテーマ音楽など、ポピュラー音楽も演奏するようになった。

ブルックリン区ウィリアムズバーグで毎年開催されるユリ祭りは、イタリアの祭りのアメリカ版である。ユリで飾られた塔が通りを運ばれ、塔の下の方では12人編成のバンドが演奏している。

第6章　ユリのように清らか

争いと性欲でいっぱいの古代の神話とは異なり、キリスト教美術はユリをもっぱら清廉と貞節のシンボルとして描いた。ただ、キリスト教美術において不動のものになったこの図像は、根づくのに何世紀もかかった。キリスト教でも、仏教やヒンドゥー教のような東洋の宗教の場合と同様、ずっと前から宗教儀式に花はつきものだったようだ。しかし、キリスト教の場合、ずっとそうだったわけではない。社会人類学者のジャック・グッディは『花の文化 *The Culture of Flowers*』（1993年）で、初期キリスト教信仰では花が忌み嫌われていたと強く主張している。ローマの支配下にあったキリスト教徒たちが、自分たちの宗教上のしきたりとローマ人が従うしきたりとを区別したがっていたからである。神像を花輪で飾るのは、ユダヤ人からもキリスト教徒からも異教の偶像崇拝とみなされた。ローマの高度に発達した花の文化は蛮族の侵入後はすたれ、かなりの程度、キリスト教の禁欲主義に取って代わられた。禁欲主義は花を、宗教的および道徳的な理由で快楽主義と罪のしるしとして拒否した。

《純潔の天使》、フランスの版画、1878年。

キリスト教の禁欲主義者にとって、楽園は、地上の庭ではなく天国にあるはずのものだった。旧約聖書にはエデンの園にある花が何かは具体的に書かれていないが、「雅歌」の「茨の中に咲きいでたゆりの花」という言いまわしが、最終的にはキリストと聖母の暗喩になった。しかし、ローマ文化で花が重要視されていたため、初期キリスト教の著述家の中には花は罪深いもの、さらにはふしだらだと警告する者もいた。4世紀のキリスト教改宗者ラクタンティウスは、ローマのフローラリア（女神フローラの祭礼）に娼婦がいることを非難し、花の女神自身が売春婦だと攻撃した。[1] この話はイングランドとニューイングランドで17世紀のピューリタンによって再び持ち出され、5月の祭礼への反対を正当化するために使われた。ピューリタンの考えでは、かつて「天国への階段」と呼ばれた花であっても、スズランを摘む風習は罪深い行いだったのだ。古代からルネサンス期まで医薬の主成分であったハーブでさえ、一部の初期キリスト教徒は魔術の道具ではないかと疑い、役に立つ花でも摘むときには祈りの言葉を唱えるよう勧めた。[2]

ローマ帝国の崩壊から何世紀もたつうちに、ヨーロッパは失われた花の文化を取り戻し、キリスト教徒たちは花を宗教的シンボルとして受け入れ始めた。イングランドの修道士ベーダ・ヴェネラビリスの著作には、「純白の花びらは聖母の汚れのない体を、金色の葯は神々しい光を放つ彼女の魂を表している」[3]と書かれている。12世紀には、花はヨーロッパの王宮や修道院の庭、一般大衆の風習、そして詩に戻ってきた。この頃にはフランス王室が、神与の権力を意味する紋章としてフルール・ド・リスを採用していた。

◉フルール・ド・リス――ユリかアイリスか?

聖書におけるユリへの言及と同様、フルール・ド・リスの歴史も無数の意味の物語である。中世のキリスト教の図像体系と密接な関係があるが、キリスト教以前の時代からあって、メソポタミアからインドネシアまで古代の遺物やコインに見ることができる。古代クレタ、エジプト、インド、ローマでは、このデザインはしばしば精緻な宝飾品や笏の頭部に見られ、王家のしるしだったことを示している。歴史家の中には三叉のほこや矢じりとみなす人もいるが、大多数の人は図案化された花――アイリス、具体的にはヨーロッパの多くの地域で普通に見られるキショウブ(*Iris pseudacorus*)に似た花――だということで意見が一致している。フルール・ド・リスは「ユリの花」を意味するフランス語だが、この名称自体が議論の的となっている。ある説ではその語源を、フルール・ド・リスを国王のしるしとして採用したといわれるフランス王ルイ7世(1120~80)までたどっており、当時は古いフランス語でフロール・ド・ロワつまり「ルイの花」と呼ばれていた。数世紀のちには「フラワー・ド・ルース」と呼ばれ、シェイクスピアがこの言葉を『冬物語』で使い、いくつも花を並べた最後にユリの一種として入れている。

いばっている王冠草。あらゆる種類の百合の花、
イチハツもその一つ。

(『冬物語』第4幕第4場、小田島雄志訳、白水社)[flower-de-luce が「イチハツ」と訳されている。]

「フルール・ド・リスを受け取るクロヴィス」、ベッドフォードの時禱書（1423年）より。初代フランス王クロヴィス1世のキリスト教への改宗の伝説では、天使がフルール・ド・リスを届け、この花がブルボン王家のシンボルになる。

イチハツは日本でよく見られるアイリス（アヤメ属の植物）」

フランス王家の金色のフルール・ド・リスは、アイリスのように見えるかもしれないが、シェイクスピアの時代、そしてそれよりずっと前のとりわけ敬虔なフランス王といわれたルイ7世の時代でさえ、ユリが象徴するキリスト教的純粋性と結びつけられていた。14世紀中頃に百年戦争が始まったとき、フランスはこの紋章を君主の権力が神に認められたものであることを裏付ける論拠として使って、フランスの王位継承を主張したエドワード3世に対抗した。論拠というのは、最初のフランス王クロヴィス1世の493年のキリスト教への改宗にまでさかのぼり、天使たちがクロヴィスのところに3つのフルール・ド・リスがついた旗を運んできたという伝説を引き合いに出す。それは三位一体を表し、彼の紋章にもともとあった3つの三日月、つまり彼がもとはイスラム教徒であったことのしるしに取って代わったというのだ。この出来事は、1423年のベッドフォードの時禱書の中で美しい挿絵で示されている。この伝説の別のヴァージョンでは、彼のもともとの紋章が三日月ではなくヒキガエルだったと主張することにより、クロヴィスの「異教徒」という素性に対してさらに強い嫌悪感を表明している。

ジャンヌ・ダルクはフルール・ド・リスが入った旗を戦場に持ち込み、1429年の勝利のあと、家族に貴族の称号デュ・リスが与えられた。ジャンヌ・ダルクは異教徒の判決を下されて火刑に処され、その称号を失うが、聖人となった彼女の肖像にはユリの紋章がつけられている。フランスの王たちはフルール・ド・リスを神から授かった統治権のしるしとし、公式の肖像画では王衣につけ

オクターヴ・ギョンネ（1872～1967）、《ランスへの行進》、水彩。ランスで戴冠するシャルル7世に同行するジャンヌ・ダルクを描いている。フルール・ド・リスのついた旗は、フランス王位の継承を主張した敵軍にジャンヌ・ダルクが勝利したのち、ブルボン王家が再度権力を握ったことを意味する。

られている。1610年に夫のアンリ4世から統治権を預けられたマリー・ド・メディシス（1573〜1642）は、イタリア生まれだったにもかかわらず、フルール・ド・リスでおおわれたテントのようなドレスを着た威厳のある姿で、戴冠式の肖像画に描かれている。19世紀初めにはフルール・ド・リスはユリとされ、王権をクロヴィス1世までさかのぼることのできるブルボン王家とはっきりと結びつけられるようになった。1814年にナポレオンが皇帝の座を追われたあとの王政復古を扱った「フランスは再びユリの花を咲かせる」というタイトルの寓話的な版画では、フルール・ド・リスで飾られたドレスを着た人物が何本かの白いユリに水をやっている。ところで、フルール・ド・リスは中世以来フィレンツェの紋章でもあったが、いくらか違った形をしている。「フィレンツェのユリ」と呼ばれるこの紋章では、花弁の間にユリのような形をした雄しべがある。

　中世にはユリは教会の儀式でも不可欠なものになり、祭壇に掛けられ、シンボルとして礼拝式に組み込まれた。ユング派の心理学者たちは、このようにユリが再び登場したことを、異教の時代からキリスト教の時代への元型的シンボルの流れ——たとえば古代の神話から古典ラテン語の詩、そして聖母マリアのイコンまで、バラとユリが使われた——の一部とみなしているが、花を用いることには実際的なメリットもあった。聖職者たちは花が——野の花さえ——大半が読み書きのできない教区民たちに信仰を教えるときに役立つ道具だということに気づいたのである。グッディは、「修道院に持ち込まれることによって庭が『キリスト教化』されたように、花は『洗礼名』をつけられた」[4]と説明している。ヨーロッパでごく普通に見られる野の花の多くが、聖母を連想するものに改名された。たとえばカンタベリーベル（キツネノテブクロ）はOur Lady's gloves（「聖母マリアの

フランス・ポルビュス（子）（1569～1622）、1610年にフランス女王になりフルール・ド・リスの模様の豪華なドレスを着たマリー・ド・メディシスの油彩画。

ダビデ王とスズランを描いた飾り板、1594年頃、ボヘミア。

手袋」の意）になった。16世紀の宗教改革の間に、これらの名前の多くから「カトリック的」関連付けと考えられる部分が取り去られたが、ハゴロモグサ（*Alchemilla*）の「レディースマントル」のように頭にOurをつけずに、多くが今でも普通に使われ続けている。

中世初期のエデンの園の絵は、多くの場合、荒涼としていた。デレク・クリフォードが『庭園デザインの歴史 *A History of Garden Design*』の中で述べているように、「たいていエデンの園はとがった杭の柵で囲まれた小さな円形の地面として表現されており、2本の木と、1匹のヘビと、失うものはほとんどないようなふたりの悲し気な人間がいる」[5]。しかし13世紀には、中世ヨーロッパの美術にエデンの園の視覚的表現が花とともに開花し始めた。そしてルネサンス期の美術で、ユリが宗教的図像として盛んに使われるようになった。ライン地方の無名の画家による絵画《楽園の庭》（1410～20頃）には、庭で日常の仕事をしている聖母マリアとさまざまな聖人が描かれ、庭には判別可能ないろいろな種類の花が咲いていて、マドンナリリーやスズランもある。16世紀後半はオスマン帝国から西ヨーロッパへあらゆる種類の異国の植物が届いていた時期で、ウィーンからローマまで金持ちや権力者の庭は花の百科事典のようになった。「一種の永遠の春に同時に開花し実をつける神の植物がすべて集められたエデンの園が今あればこんな感じだろう」[6]と人々は思ったと、ホブハウスは述べている。

種類の多さがわかる同じような絵が、一角獣のタペストリーに描かれている。1500年頃にブリュッセルで織られた、7枚一組の大きな壁掛けで、ニューヨークのメトロポリタン美術館の別館であるクロイスターズ美術館に展示されている。一角獣狩りの古代神話を描写しており、ある解釈

MIRIFICAVIT DOMINUS SANCTUM SVUM.
PLENIS
MANIBVS
SANCTO FRANCISCO XAUERIO A VIRGINITATIS
GLORIA PRODIGYSQUE ADMIRANDO COLENDOQUE
LILIA
DATE
LILIA
POTAMIENSIS

ユリをもつ聖フランチェスコを描いたフランドルの銅版画、1630～75年頃。

によれば、イエスの死と復活の寓意物語だという。もっとも有名な最後の場面では、狩人に傷つけられて血を流す純白の一角獣が、柵で囲まれ花が咲き乱れる芝生にいて、そこにはスズランやひときわ背の高い白いマドンナリリーもある。

ルネサンス期の男女の聖人――聖フランチェスコ、パドヴァの聖アントニオ、聖アンナ、シエナの聖カタリナ――の肖像画でも同じように、1本の白いマドンナリリーが彼らの清廉さを表す重要なシンボルになっている。しかし、ルネサンス美術におけるとりわけすぐれたユリの使用例は、マリアが聖母になる最初の段階である受胎告知の表現に見られる。どの絵でも、マリアの前に現れる大天使ガブリエルが来るべき奇跡の誕生のシンボルとしてもっているのは、ローマの異教信仰を連想させる花輪や花冠ではなく、1本の白いユリである。この場面は、オランダ南部の画家ヤン・ファン・エイク、イタリアの偉大な芸術家レオナルド・ダ・ヴィンチ、フィリッポ・リッピ、サンドロ・ボッティチェッリ、ジョルジョ・ヴァザーリ、そのほかアルブレヒト・デューラーからエル・グレコまで多くの画家の手による、ルネサンス前期から後期までのヨーロッパのどの国の傑作でも見られる。ほかにも多くのルネサンス期の聖母の絵画にユリが登場する。ボッティチェッリのバルディ祭壇画《聖母子と洗礼者聖ヨハネと福音書記者聖ヨハネ》（1484年）では、マリアの玉座の両側にユリが歩哨のように立っている。リッピの《聖母戴冠》では、天国の空にユリが満ちあふれている。多くのルネサンス絵画でユリは性の問題を文字通り避けている。自然界では非常に目立つ雌しべと雄しべが、どちらもかろうじて見えるかまったく存在しないのである。重要な例外がダ・ヴィンチとデューラーで、彼らの受胎告知の絵やスケッチは間違えようのない正確さでマドンナリ

フランスの受胎告知の銅版画（エッチング）、1613～16年、珍しく天使ガブリエルが女性の姿で描かれている。

フランチェスコ・ヴァンニ（1565～1610）、《シエナの聖カタリナ》、フレスコ画。

リーを描いている。もちろんダ・ヴィンチにとって、地中海地方に自生しよく繁殖するこの花は、容易に手に入る画題だったにちがいない。

19世紀中頃のラファエル前派の絵画も、受胎告知の場面にユリを用いる伝統を継承した。彼らの花と聖母の表現は、この時代の有力な美術評論家ジョン・ラスキンの「自然に忠実であれ」という主張に従っていた。ダンテ・ゲイブリエル・ロセッティの《聖告》（見よ、われは主のはした女なり、1849～50）では、マリアは大天使ガブリエルを前にしてベッドの上で縮こまっている若い女性で、ガブリエルは三位一体を象徴する3つの白い花をつけたユリを1本手渡している。花を3つつけたユリは、マリアのベッドのかたわらに掛けられた布にも刺繍されている。ロセッティによる対になったもう一方の絵《聖母マリアの少女時代》（1848～49）では、マリアがこの布に刺繍をしている。アーサー・ヒューズの《受胎告知》（1857～58）でも、マリアは内気な若い女性として登場する。糸紡ぎの仕事を中断して振り返ったマリアは、大天使がいるのを見て畏怖の念とおそらく恐怖で少し頭を垂れている。大天使は部屋の戸口で白ユリの花壇の上に浮かんでいる。ラファエル前派のユリと乙女の清純さの関連付けは非常に強力で、この時期の若い娘は宗教が何であろうと白いドレスを着て白いユリをもって写真に写った。[7]

もうひとりのラファエル前派の画家エドワード・バーン＝ジョーンズは、寓話的な『フラワー・ブック』（1882～98）の中で、受胎告知をまったく違ったふうに描いた。自身の楽しみと息抜きのために自分のほかの作品をもとに制作した小さな円形の水彩画——それぞれ直径約15センチ——のアルバムで、花のラテン名が、キリスト教の物語や中世の伝説をもとにした想像の場面の絵

初聖体拝領式のドレスを着てユリをもつ少女、1930年、写真。

で表現されている。彼は伝統的な受胎告知の場面をすでに何枚も描いていたが、晩年の数十年、もっと不思議な魅力をもつ作品を作りたいと思っていた。『フラワー・ブック』にあるマドンナリリー（*L. candidum*）を描いた「白い庭」は、宗教画というよりおとぎ話のようだ。白いユリが夜空の星のように背景を埋めつくしている。このアルバムには、スズラン（*Convallaria majalis*）を描いた「天国のはしご」もある。この植物の花茎に階段のように並ぶ小さな花に、このたとえはぴったりだ。しかし、バーン＝ジョーンズの絵は写実的な描写ではなく、「虹の表面を登る魂」を表している。彼の絵のコンセプトは、「誰にも明示することも思い出すこともできない、ただ望むだけの国の、決してなかった、これからも決してない――かつてないほどよい光に照らされた――神のように美しい姿をした

エドワード・バーン＝ジョーンズ、「白い庭」、ユリの庭での受胎告知の絵、『フラワー・ブック』（1882～98）より。

ものの、美しくロマンティックな夢」[8]というものだった。

20世紀中頃に、シュールレアリスムの画家サルバドール・ダリが、受胎告知を描いたふたつの非常に変わった作品を制作した。その表現方法はほかの画家によるそれまでの作品とはまったく異なっているが、ダリの絵でも伝統に従ってユリの切り花が描かれている。1947年の水彩画には、印象派のようにさまざまな色を寄せ集めてふたりの天使が描かれ、それぞれ1本ずつユリをもっている。1956年の線画――おそらくあらゆるものの中でもっともユニークな受胎告知の場面――で印象的なのは、黒い線の爆発である。ガブリエルとマリアはかろうじて見えるが、ユリははっきりとわかる。

The New York Times.
EASTER
THE MODEL OF DECENT AND DIGNIFIED JOURNALISM
MAGNA EST
VERITAS, ET PRÆVALEBIT.

「礼儀正しく品位あるジャーナリズムの模範」、『ニューヨーク・タイムズ』紙のポスター、1896年。同紙がこのイメージを選択してニュース報道への倫理的アプローチを宣言した頃、ニューヨーク市のほかの新聞の間では煽情的なジャーナリズムの戦いが行われていた。

◉ただ清らか

ユリは古くから非宗教的な文脈でも純粋さや女らしさと関連付けられてきた。『ニューヨーク・タイムズ』紙の1896年のポスターには、白いドレスを着て白いユリを手にした若い女性が描かれており、「礼儀正しく品位あるジャーナリズムの模範」というタイトルがつけられている。ユリと若い女性の関連付けは、今日のスポーツイベントに引き継がれている――競争するものが動物のときでさえ。ケンタッキーダービーでは牡馬が圧倒的に多いが、やはりルーイヴィルのチャーチルダウンズ競馬場で開催される3歳サラブレッドが出走する毎年恒例の行事ケンタッキーオークスでは、フィリー（雌の若馬）、つまり牝馬だけが走る。ダービーで勝利した馬はバラの花輪で飾られるが、オークスで勝利したフィリーはユリの花輪をかけてもらう。ダービーは「Run for the Roses（バラのための競走）」と呼ばれ、オークスは1875年に始まって以来、「Lilies for the Fillies（フィリーのためのユリ）」と呼ばれてきた。

また、ユリは中国の多くの絵画で、清純さと女らしさのしるしとして若い女性と一緒に描かれている。現在でも同じように関連づけられ、たとえば、デイリリーを意味する「萱（シュアン）」という字は、今日、中国の女の子の名前としてとても人気がある。しかし、その歴史にはもっと暗い側面がある。中国の女性は、「蓮鉤」と呼ばれる纏足（てんそく）によって小さくなった足の模型で練習して、自分の娘の足を縛る方法を覚えたのだ。

日本では、ユリはしばしば若い女性が通過儀礼に着る着物に描かれたり刺繍されたりして、その着物は代々伝えられた。ニューヨークのメトロポリタン美術館のコレクションにある「鯉、睡蓮、朝顔柄の着物」（1876年頃）は、寄贈者の祖母が十三参りのときに着たものである。この儀式は文字通り「13歳の寺参り」で、青年期に入る13歳の少年少女を祝福する。[9]

19世紀を通じて詩人は純白の「リリー」を純真さのシンボルとみなし、ウィリアム・カレン・ブライアント（1794～1878）が詩に書いた素朴なスズランはとりわけそうである。

純真な子どもと雪のように白い花！
開いているときに一緒になれば
純粋なものと美しいものが出会う
汚れなきものと汚れなきもの、かわいいものとかわいいもの

ウォルター・クレインは子ども向けの本『フローラの饗宴』（1895年）のイラストで、スズランを若い女性の姿で描いている。ふたりの「繊細ではかなげな白い女性」が、この花の幅広の葉でしとやかに体をおおっている。日陰で育つスズランは、女性にとってしとやかさの模範とみなされた。1829年頃からあった結婚生活のハンドブック『結婚生活入門――結婚している人と結婚する人に役立つヒント』は、若い女性たちに「あまり人目にさらされないスズランは、台無しにする者の手から傷つかずに逃れ被害を受けない。美しい娘たちよ、安心できる日陰を求めることをスズランから学びなさい」と助言している。一方、ジョン・キーツは物語詩『エンディミオン』で、

スズランを「レダの恋人より白い」と表現している。大きな白鳥に姿を変えてレダを誘惑したゼウスのエロティックな神話をほのめかすことにより、自然の美は性的な愛より純粋だとキーツはいっているのである。

20世紀初めの美術のおいて煽情的な花の代表になるカラーリリーでさえ、最初は女性の汚れのなさのシンボルだった。この花は19世紀中頃の裕福な既婚婦人の肖像画にしばしば登場する。チャー

ユリを手に女性を演じる日本の役者、1706～63年頃、木版画。

「蓮鉤」、纏足の方法を教えるための模型、中国、618～906年頃。

メアリー・ルイーズ・マクモニーズ、《バラとユリ》、1897年、キャンバスに油彩。母親と子どもを取り囲むユリがこの場面の汚れのなさを表している。

ルズ・エルドリッジは「カラー・モデルナ——なんと奇妙な花」という論評で、「この花の完璧な形とその白さは」絵の題材の「女らしい美しさと汚れのない徳をそのまま表している」と述べている。ロマンティックでときには凝りすぎのこともあるこの時代の詩が、そのイメージをさらに確かなものにした。アメリカの詩人ジェームズ・ゲイツ・パーシヴァル（1795〜1856）は次のように書いている。

……［カラーの］美しさを賛美せよ
弱さや朽ちることとは考えるな
清らかで神聖な夢をみよ
その中でそれは私たちの前に現れる[10]

チャールズ・コートニー・カラン（1861〜1942）による絵画《ロータスリリー》（1888年）は、ふたりの女性がボートに乗

ウォルター・クレイン、乙女とユリの花瓶、1906年、赤い陶器に金ラスター彩。この神話の場面は、黄金のリンゴをつけた木のまわりで踊るヘスペリデス（夕べの娘たち）を描いているが、間にほとんど木と同じくらいの高さのユリが立っている。

フレデリック・サンズ、《ユリと若い女性》、1880年頃、鉛筆と色チョーク。この絵は、ネヴァダ州の上院議員の娘フローレンス・エミリー・ヘスケスを描いたもので、彼女のイギリス人貴族との結婚を祝って制作されたと考えられている。白いユリが彼女の清純さを表しているが、手首のヘビの飾りがエデンの園のイブと多産を暗示している。

S・D・エアハート、「ライバルたち」、『パック』(1905年)の表紙。イースターの朝に教会から現れた女性のそばに白ユリが立っているのは、彼女の慎み深い美しさの証拠である。悪魔のような人物(右)がきびすを返していることで、彼女の清らかさがさらに表現されている。

って黄色のスイレンに囲まれている静かな光景である。美しい夏服を着た女性たちは女性らしい美しさそのもので、《ヒュラスとニンフたち》の擬人化されたスイレンの不吉な描写とは正反対である。オハイオ州エリー湖の入り江に設定されたこの場面は、画家の新妻と彼女のいとこを写実的に描写したもので、その夏の結婚式で花嫁がスイレンのブーケをもっていたので、画家にとって個人的に重要な意味をもつ絵だった。みずみずしい花が女性たちの美しさをますます引き立てている。この絵はハスの花を集める女性を描いた日本の版画に似ており、当時はジャポニスムの時代だったからカランは版画を見たのかもしれない。ただし、アジア各地にたくさん生えているハスではなく、カランの絵にある黄色い花はおそらく、北アメリカに自生するスイレン科コウホネ属の植物だろう。

モネのスイレンからも清らかな美しさが感じられる。スイレン池の絶えず変化するきらめきをとらえることが、人生も後半の30年、彼の作品の中心テーマだった。晩年の何枚かの絵では、池の岸や水平線を描かず、スイレンのある虚像の空、マルセル・プルーストが『失われた時を求めて』で「天上の庭」と呼んだものを作り出した。[11] モネは何枚かの巨大なパネルに絵を描き、それを楕円形の部屋の壁に並べて見る人を取り囲むようにしたらどうだろうと考えた。彼の覚書に、「仕事で疲れた神経がくつろぎ」、「花の咲いた水槽の真ん中で静かに瞑想できる安全な隠れ家」を体験できる場所を作ることについて書かれている。[12] パリに専用の美術館を作るというモネの計画は実現しなかったが、22枚の大きなパネルはパリのオランジュリー美術館に常設展示され、その空間をシュールレアリスムの画家アンドレ・マッソンは「印象派のシスティーナ礼拝堂」と表現している。[13] モネは不可知論者（神に関することは不可知としていかなる教義も信じない人）だったが、光り輝くスイレンによって、宗教体験に匹敵する純粋な美への官能的没入ができる非宗教的な環境を作り出した。

チャールズ・コートニー・カラン、《ロータスリリー》、1888年、キャンバスに油彩。

鈴木春信（1725～70)、《舟中蓮とる二美人》、木版画。

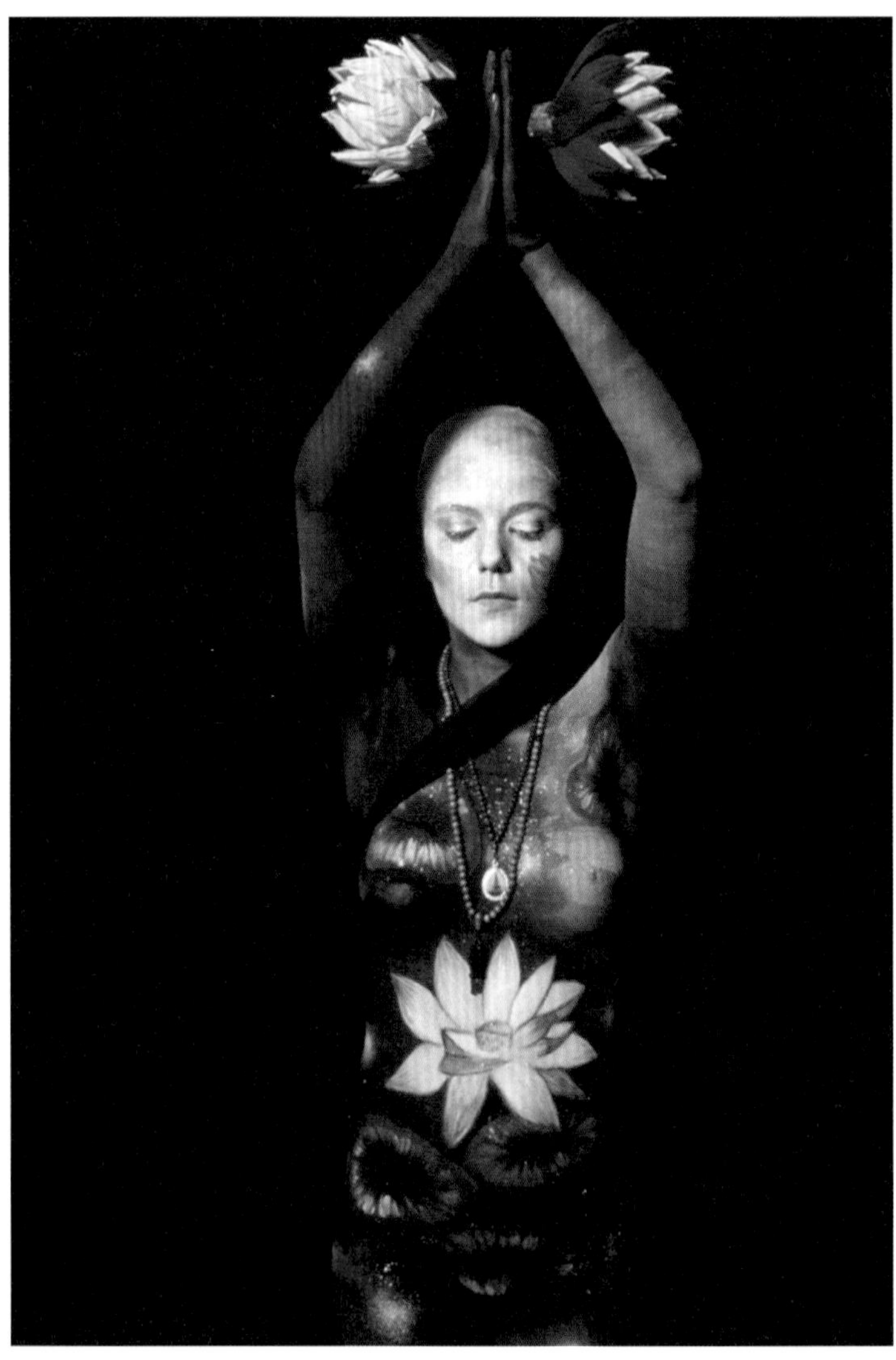

1996年のパリ・ボディーペインティング選手権のこの参加者は、スイレンの官能的な魅力をはっきりと伝えている。ほかの花、たとえばペチュニアやパンジーではこうはいかないだろう。

第7章　もっともセクシーな花

花は要するに生殖のためのものなのではないかと心配した初期キリスト教徒は、核心に迫っていたといえる。ローマの偶像崇拝を拒絶し、キリスト教の礼拝で花を使うことを禁じる一方で、ジャック・グッディが簡潔に述べているように、意識的あるいは無意識的に次のように感じていたにちがいない。

性機能は花の存在の核心である。それは植物の生殖器官であり、色や香りで、花粉を散布して受精を可能にする昆虫を引き寄せる……花を散らす……女性として花開く、というように、「花」という言葉自体、いくつもの言語で性的な隠喩である。[1]

ほかのどの園芸植物よりも、ユリはその性機能を見せびらかしている。ユリ属の植物の構造を考えてみよう。その直立した雄しべはそれぞれ、花の精子である花粉を生じ、花の中心にある雌しべ

シャルル・ユロー、写真。ユリの花の中心から突き出た目立つ雄しべと雌しべは授粉昆虫と鳥への招待状だ。

アレクシスにユリを手渡すニンフたち、1840年、ウェルギリウスの『牧歌 第2歌』の挿絵、茶色のインクを使ったペン画。ウェルギリウスの田園詩で、アレクシスはある羊飼いの同性愛の対象でもある。

を取り囲んでいる。雌しべは花弁の奥にある子房への入り口である。植物をその生殖器官によって分類したリンネは、ユリの6本の雄しべを花の「6人の夫」と表現し、花を「婚礼の床」と呼んだ。[2] 花弁にあるU字形の溝が、授粉昆虫の吻を導く。オスカー・ワイルドは「不滅」（1879年）という詩の中で「ミツバチ〔は〕ユリの恋人」といった。強い香りも大きな特徴で、そのエキスは古代エジプト人によって初めて香油に閉じ込められ、最初の女性ファラオであるハトシェプスト女王やクレオパトラ、16世紀のフランス王妃カトリーヌ・ド・メディシスのような権力のある女性が身に着けた。[3] 芳香は、ピューリタンにあらゆる花を警戒させたもうひとつの感覚的特質である。1660年のイギリスの王政復古ののちでさえ、「女性の香りによる誘惑」がもとになった結婚の無効を宣言する法案が議会に提出されている。アメリカの植民地にいるピューリタンも香りを性的なものと結びつけ、ペンシルベニア州では香水をつけることは魔術とみなされた。[4]

山上の垂訓でイエスは、飾らない美しさと簡素さの例として野のユリを引き合いに出し、「野のゆりがどのように育つのか、注意して見なさい。働きもせず、紡ぎもしない。……栄華を極めたソロモンでさえ、この花の一つほどにも着飾ってはいなかった」（「マタイによる福音書」6章28～29節）といっている。しかし、歴史を見ると、ユリについてまったく違ったふうに考えられたこともある。清廉というキリスト教の理想どころか、ユリの起源を原罪と結びつけている物語もあるのだ。セム人の伝説によれば、ユリはエデンの園を去るイブの涙から生じたという。イスラムの伝説にもバラが預言者の涙から生まれたという似たような話があるが、この物語にはユリを罪と結びつける意味合いはない。また、聖書の恋の詩である「雅歌」にはユリにたとえた表現がいくつもあり、さまざまな意味に解釈されてきた。「茨の中に咲きいでたゆりの花」（2章2節）という言いまわしは、キリストと聖母の両方を象徴するものになったが、この詩には花婿と花嫁の間の肉体的欲求をユリを用いて表現するエロティックなたとえもたくさんある。花嫁は恋人の「唇はゆりの花、ミルラのしずくを滴らせる」（「雅歌」5章13節）といい、花婿は「乳房は二匹の小鹿／ゆりに囲まれ草をはむ双子のかもしか／……秘められたところは丸い杯／かぐわしい酒に満ちている／腹はゆりに囲まれた小麦の山」（「雅歌」4章5節、7章3～4節）とたたえる。こうしたくだりのエロティシズムは、古代中東の官能的な詩にルーツがあるが、それでもキリスト教の学者たちは「雅歌」を、花嫁で表された魂と、花婿で表されたキリストを求める精神的願望の対話と解釈した。しかし、このように目に浮かぶような具体的なたとえをされると、現代の俗人には、この説は修正主義者の歴史のように聞こえる。

アマリリス、つまりベラドンナリリーが、トマス・キャンピオン（1567〜1620）によるふざけた思わせぶりなリュート歌曲の中で「気ままな田舎娘」の名前になっている。ウェルギリウスの『牧歌』に登場する同じ名前の女羊飼いのように気取らない田舎娘で、キャンピオンは洗練された女性よりずっと好んでいた。

求婚され懇願されるにちがいないあの淑女たちのことはどうでもいい。
ぼくには気立てのよいアマリリス、気ままな田舎娘を。
自然は人工を軽蔑する。彼女の美しさは天性のもの。
誘ってキスすれば、大きな声で、ほっといて！
でも、ふたりでくつろげるところに来れば、決してノーとはいわない。

アマリリスを愛したら、果実と花をくれる。
でも、あの淑女たちを愛したら、山ほど黄金を与えなければならない。
彼女たちには愛の代価の黄金を、ぼくには小麦色の恋人を。
誘ってキスすれば、大きな声で、ほっといて！
でも、ふたりでくつろげるところに来れば、決してノーとはいわない。

淑女たちがもっているのは、知らない奴が作った枕やベッド。
ぼくには柳の木陰と、買ったのではない苔と落葉を。
そしてミルクと蜂蜜を食べて元気なアマリリスを。
誘ってキスすれば、大きな声で、ほっといて！
でも、ふたりでくつろげるところに来れば、決してノーとはいわない。

おそらくキャンピオンは実際の花ではなくウェルギリウスから着想を得たのだろうが、葉が枯れたあとの裸の茎に花が咲くためアマリリスが naked lady（裸の貴婦人）とも呼ばれていることを知ったら面白がっただろう。

白ユリがまだ大勢の人にとって純粋と無垢のシンボルだった17世紀中頃、ロバート・ヘリックの詩「水晶の中のユリ」（1630年頃）では、女性の隠された情熱のたとえにこの花が使われた。

あなたは白鳥か雪のように白く、
世の男たちを恋に落とす
力をもっている。
あなたのローンとシルクがふわりとなびき、
その白い雲が分かれて

あいまいな黄昏になれば、
あなたの隠されたプライドが
男の中の火をかき立てる。

2世紀ののち、詩人のエミリー・ディキンソンも、ユリの清純さと官能性の複雑な組み合わせを探究した。ディキンソン自身は、表面的には汚れのない乙女を絵に描いたような人物だった。白い服を着て、結婚せず、引きこもりがちな生活を送り、マサチューセッツ州アマーストの自宅から出ることはめったになかった。大切にしていた庭で多くの花を育て、ほとんど花になりきったような暮らしをしていたが、ジュディス・ファーの『エミリー・ディキンソンの庭 *The Gardens of Emily Dickinson*』によれば、「彼女は情熱的な魅力を、栽培しているユリとバラに向けた」[5]のだという。欠点といえるほど内気な彼女は、文学の師となるトマス・ヒギンソンに、庭のユリを2本手渡して自己紹介した。見ていた人がいうには、その身振りはユリをしるしにしたことでアマーストでもよく知られていたオスカー・ワイルドを思い起こさせた。しかし、ディキンソンはおそらくワイルドのこと、ましてや彼のスキャンダラスな行動については聞いたことがなかっただろう。ディキンソンの生活は、昔の囲まれた庭にいる乙女のイメージ、「雅歌」にも「わたしの妹、花嫁は、閉ざされた園。閉ざされた園、封じられた泉」（4章12節）と表現されている乙女を思わせる。しかし彼女の詩と手紙にあるユリの象徴表現から、内なる情熱を知ることができる。ディキンソンとワイルドはあらゆる点でまったく異なっていたが、ふたりとも人を官能的なカトリック的図像体系に引きつける芸術的魅力をもっていた。ファーは『エミリー・ディキンソンの情熱 *The Passion of Emily Dickinson*』で、この詩人は多くのヴィクトリア時代の未婚の女性と同じように、ラファエル前派の絵画に描かれた感覚に訴える聖母の肖像や、聖母のしるしとしてユリが重要視されたことに強く影響を受けたと説明している。プロテスタントにとってさえ、「白い服を着た修道女は魅惑的で、修道女と結びつけられたユリはエロティックな香りをもっていた[6]」。ファーはこの一見矛盾しているように思えることを、次のように説明している。

白ばかり着て繰り返し自分をユリと関連付けることで自分は修道女だとほのめかしたエミリー・ディキンソンは、見事に統合された伝統的な図像体系の一部になっていた。さらに、ディキンソンが白ではなく自分の髪と同じオレンジがかった赤のユリを身に着けていたのが印象的である。ヴィクトリア時代の色彩感覚では、赤は情熱と苦しみの色だった。ディキンソンはかつて自分を「カウリリー(コウホネ)」と呼んで、未婚の女性をユリと結びつける伝統に従ったが、髪の色や――おそらく――自分が何者であるか、つまり強情な修道女、引きこもった芸術家であることによって生じる他との違いを強調していたのである。[7]

「強情な修道女」らしく、かつてディキンソンは自分が従う唯一の命令は「ユリがどのように育つか考えなさい」だといった。そして詩ではキリストと天国というキリスト教のイメージを使うことが多かったが、手紙や詩の多くが義理の姉スーザン・ギルバート・ディキンソンへの情熱的な愛で満ちている。「目覚めの年」の中で、彼女はふたつの花について、「レディー・レッド……レディー・ホワイト……静寂の中でユリは眠る」と書いている。ふたつの花は春に予期しない復活のように目を覚まし、「花を咲かせて、きちんとしたそよ風」を驚かせ、「ご近所さんたちはまだ疑っていない」。ふたりがレズビアンの関係にあったのか、それともたんにヴィクトリア時代の女性の間でよくあった強い愛慕なのか、学者たちは議論している。スーザンへの熱烈な愛を表明した数年後、ディキンソンは「さあ、ユリへの鍵を受け取って。私はバラに鍵をかけましょう」という、ユリとバラという伝統的なシンボルを使った手紙を送った。このメッセージは、ディキンソンはバラで象徴される自分の肉体的情熱に鍵をかけ、その代わりにスーザンにユリへの鍵つまり精神的称賛を与えることを知らせるものだった。[8]

ユリは、異性愛、同性愛、さらには両性愛のシンボルにもなる。めかしこんだ耽美主義者のイメージ――長髪、膝下までのズボン、絹のストッキング、襟に白いユリをつけたベルベットの上着――を確立したオスカー・ワイルドは、それらをみな実行した。結婚して子どもをもうけたワイルドは、同性愛関係も多くもち、その中には名声を失う原因になった長年にわたる関係もあった。彼の生き方と著作物において、ユリは耽美主義とカトリック的図像体系とセクシュアリティが複雑に絡み合ったものを伝える。ダブリンのトリニティ・カレッジにいた頃、ワイルドは「過ぎ去った日々」という詩を書いて、「どんなキスもよごれを残していない青ざめた頬」をもつ「色白のほっそりした少年」を描写した。数年後、彼はこの詩を書き直し、少年を「どんな恋もよごれを残していない青ざめた頬」をもつ「ユリの少女」に変えて、タイトルを「マドンナ・ミア」とした。そして「アヴェ・マリア、恵みに満ちた方(グラツィア・プレナ)」では、キリストの到来について書き、比較的世俗的な設定で受胎告知の伝統的場面を描いている。

静かな青ざめた顔でひざまずく少女、
ユリを手にした天使、
そしてふたりの上にハトの白い翼。

オックスフォードでワイルドは、部屋をユリと聖母の絵でいっぱいにした。そして、旧来の道徳を支持する人々をあっといわせる目的もあって、これ見よがしの恰好をして、軽妙な応答でその効果を高めた。１８８２年にアメリカを旅行したときには、長髪をなびかせユリをつけてピカデリーを気取って歩いていたという報道について尋ねられ、「重要なのは私がそれをしたかしないかではなく、私がすると人々が思ったかどうかです」と答えた。[9] 彼が有名になると、新聞はワイルドの外見に目をつけ、彼のしるしであるユリにひどくこだわった。たとえば、１８８０年にある大衆雑誌が、「美の吟遊詩人」と称してワイルドを足元に生えたユリとともに風刺漫画に描き、根元にユリのある十字架にかけられたキリストのイメージと意地悪く対比した。しかし、この対比は預言的なものになる。というのは、ワイルドはその振る舞いを理由に非難の十字架に掛けられて死ぬことになるからである。１８９５年、劇作家として人気の絶頂にあったとき、ワイルドは男色の罪で有罪になり、２年間の重労働を科せられた。投獄の間に健康と経歴は損なわれ、肉体的・精神的に衰えて1900年についに亡くなった。

19世紀後半から20世紀初めにかけてのウォルター・クレインの子ども向けの本で、擬人化されたユリが、ときにあからさまに官能的な姿をしていることがある。『夏の女王、またはユリとバラの馬上試合』(1891年)で彼は、1世紀前にウィリアム・クーパーが詩に書いたのと同じような陽気な物語で花と花の争いを解決する。ただしクレインが書いたおとぎ話では、ユリとバラの支持者の間で中世の馬上槍試合が行われ、ユリのトランペット奏者はカラーリリーのような服を着ていて、この花の男根のような肉穂花序がトランペットと帽子から突き出している。そして「銀のアルムのトランペットが金の舌で鳴る」というクレインの文章によって、さらに印象が強められている。ユリの騎士の衣装にはきれいにひだの寄ったユリの花びらのような白い袖と裾があって、ユリの帽子のてっぺんにこの花の雌しべと雄しべがある。バラとの決闘を始めるため、騎士はユリのような形をした手袋を挑戦者のほうに差し伸べる。また、クレインの『フローラの饗宴』に登場するいくつかのユリはかなり官能的な女性の姿をしている。タイガーリリー(オニユリ)は花から立ち上がろうとしている裸の胸の女性で、下のオレンジの花からトラが飛び出している。「昼間のユリが終わるとき」というイラストでは、女性たちが物憂げにユリの葉にもたれかかっている。

スイレンは、19世紀後半のほかの美術作品や詩でも魅惑的な女性として描かれている。ステファヌ・マラルメの印象主義的な散文詩「白いスイレン」(1885年)で、語り手はスイレン池を訪れ、白いスイレンの中にいると彼が思っている女性のイメージにとりつかれる。彼は喜んでこの女性の「虜になりましょう」というが、スイレンを摘んで逃げる。マラルメの詩そのままに、その色と香

《スイレン》、1854年、銅版画（エッチング）。スイレンの池で若い女性が誘惑するように横になり、スイレンがこの場面の性的な意味合いを強めている。

りに引き寄せられた生き物を誘ってとらえるスイレンが実際にある。ニオイスイレン（*Nymphaea odorata*）の花の奥に液がたまっていて、花に偶然降りた昆虫が液の中に落ちる。この昆虫の体が別の花の花粉でおおわれていれば、その花粉が洗い落とされて花を受精させる。昆虫は傷つくことなく出ていくかもしれないが、運が悪いと閉じ込められて溺れてしまう。授粉のあと、花茎がバネのように螺旋状に縮まって、花を水中に引き込む。水中で果実ができ、多数の種子を含むスポンジ状の液果になる。熟すと液果は2000個もの種子を放出し、種子は浮いて、水の流れや鳥によってばらまかれる。水が浸み込んで重くなると種子は泥の中に沈み、そこで発芽する。[10] 昆虫が閉じ込められて沈んでいく様子は、ウォーターハウスによる神話の絵《ヒュラスとニンフたち》（129ページ）のスイレンによって池に引き込まれる少年のイメージに、不気味なほどよく似ている。

◉カラー狂時代

白いカラーリリーは、19世紀後半の何人かの画家の作品に登場し、その性的意味合いの強さはさまざまである。当時はそれはおもに女性性のシンボルだったが、美術学者のチャールズ・エルドリッジが「カラー・モデルナ」という論評で述べている少数の例外では、非常に官能的な表現に使われた。19世紀の美術では、女性、とくにユリとともに描かれた女性は、霊的啓示を象徴するものであることが多かった。しかし、もっと現実的なものを思い起こさせる作品がある。ウィリアム・アドルフ・ブグローの《夜明け》（1881年）の等身大の女性のヌードは、片足でバランスを取りながら前かがみになって1本の背の高いカラーリリーの芳香をかいでいる、なまめかしい人物画である。ブグローの弟子でのちに彼の妻になるエリザベス・ガードナーによる絵画《水辺》（1894年）は、ふたりの若い女性が抱き合っていてひとりが水辺に生えているカラーリリーをつかもうと手を伸ばしており、レズビアンの関係にあることを示唆している。世紀末のもう一組の芸術家のカップル、チャールズ・ウォルター・ステットソンと妻のグレース・エラリー・チャニングは、カラーリリーにまつわる奇妙な絵と物語を創作した。1890年代にカラーリリーが広く商業生産されていたカリフォルニア州パサデナで仕事をしていたふたりは、いたるところでこの花を目にした。

大きなカラーリリーがプリントされた豪華なドレスを着たベティ・デイヴィス、1937年。

ステットソンの絵画《イースターの贈り物》(1896年)に官能的な女性はいないが、不気味な真夜中という設定で花が咲いているカラー畑は感情を強く揺さぶる。同年に彼の妻が書いた物語『牧師の狂気 *The Madness of the Rector*』では、絵を見るような性的表現にカラーリリーが使われている。イースターの朝にカラーリリーの畑で聖職者が信仰を捨てる話だ。この聖職者は畑で性的に目覚める一方で、カラーの「白いのど」にある「金の舌」が「彼は昇天した! 彼は昇天した!」と叫ぶのである。[11]

カラーリリーは1920年代に、あからさまな性のイメージとして花開いた。当時、ジークムント・フロイトの説が大きな反響を呼んでおり、性の話題がより広く自由に議論されるようになっていた。芸術的実験と従来の形の芸術からの脱却の時代にあって、カラーリリーは新世代の画家や写真家の関心の的になり、性的含みをもつことも多

カラーリリー、この花のカーブした仏炎苞に抱かれた肉穂花序は無数の芸術作品で性的解釈がなされるもとになった。

かったのである。マルグリット・ゾラックの《ニューイングランドの家族》（1917～20頃）では、かしこまったニューイングランドの夫婦の間に置かれた鉢植えのカラーリリーが、舌を突き出す子ども、さらには中指を立てる反抗的な子どものように、大きすぎる肉穂花序を立てている。マースデン・ハートレー、チャールズ・デムス、ジョセフ・ステラ、マン・レイ、そのほか多くの芸術家による作品で、カラーリリーが唯一のテーマになっている。性的意味合いを別にしても、カラーの彫刻のような美しさはそれだけで多くの芸術家にとって魅力的だった。それでも、ほかのどんなリリーよりも、カラーの物理的形状――男女の生殖器を暗示する深くカーブしたくぼみと太い肉穂花序――は性的解釈を喚起した。そして当時のほかのどの画家と比べても、ジョージア・オキーフのこの花の内部のクローズアップほどこうした特徴が強く現れているものはなく、彼女のもっとも有名で悪名高い作品になった。オキーフは性的なコメントに取り合わなかったが、メディアの反応は最高潮に達した。中でもとくに印象的なのが、メキシコの画家ミゲル・コバルビアスによる風刺漫画だった。彼は、1929年の雑誌『ザ・ニューヨーカー』に「我らがリリーのレディー」と題してオキーフの絵を描いた。1本のカラーリリーを手にした彼女の絵は、皮肉たっぷりに聖母をほのめかしているように見える。そしてオキーフの夫アルフレッド・スティーグリッツが注目に拍車をかけた。1928年にカラーリリーの絵6枚を2万5000ドルで販売することにしたのだ。それまでに現代画のセットでこれほど高い値段で売れたものはなかった。販売は2年後に中止になったが、カラーの絵はいっそうまぶしいスポットライトを浴びた。彼は作品の性的側面を宣伝する一方で、オキーフの絵のカラーリリーの白さはセクシュアルというよりシュールレアルだと主張した。そして、おそらく皮肉を込めて、それは「無原罪懐胎」だといった。[12]

オキーフはいくつかの理由で自分の作品の性的解釈を受け入れるのを嫌がった。人々が自分を画家とみなさず女性という枠に入れ、自分がより高い芸術的理想を目指して打ち込んでいることを無視していると感じたのだ。アルバカーキ美術館の館長ジェームズ・ムーアは、「値段がつけられないほど貴重な花々の青白い美しさ」という論評の中で、画家にとってのこのジレンマについて説明している。そして、オキーフの作品は、センセーショナルな反応を超えたところにある、もっと抽象的な哲学的概念の影響を受けているのではないかと述べている。そのひとつが、自然界における男性性と女性性の二元性についての中国や日本の考え方の影響だ。オキーフとスティーグリッツの

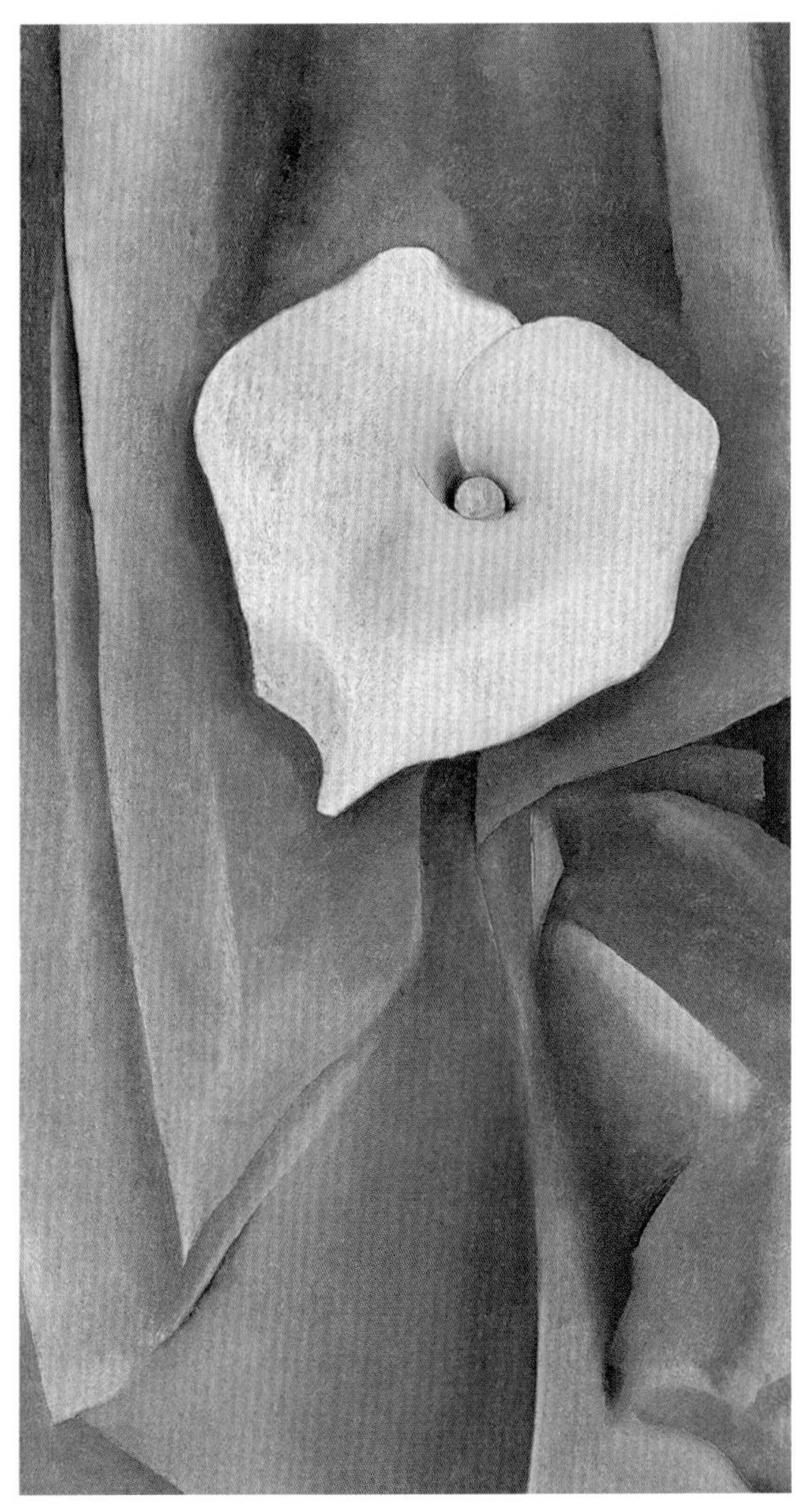

ジョージア・オキーフ、《グレーの上のカラーリリー》、1928年、キャンバスに油彩。その思わせぶりなところが論争を呼んだオキーフのカラーリリーの絵のひとつ。

親しい友人であるクロード・ブラグドンはこのテーマについて詳しく論述したことがあり、ムーアがいうように、彼女のカラーリリーの見方に影響を及ぼしたのかもしれない。この花についての以下のような記述で、ブラグドンは女性原理に「陰」、男性原理に「陽」という日本語を使っている。

1本のまっすぐな硬い肉穂花序がやさしくカーブした柔らかい仏炎苞に抱かれているカラーは、陽と陰の特徴的な相違点と両者の相補的な関係をほとんど完璧に表現している。ふたつがこのような単純さと完全さでひとつの形になるのはめったにないことだ。[13]

この男性性と女性性の二元性を問題にする説は、オキーフのカラーリリーの分析として大変興味深い。普遍的な概念としての二元論は、ユリを自殖を象徴するものとみなすギリシア神話のことも思い出させる。

カラーリリーは、メキシコの画家ディエゴ・リベラの印象的な絵においても、大きな力をもつ存在である。彼は植物学的な写実性を重視するのではなく、純白の巨大な花束と、さまざまな色を使った大きな単純化された人物とを組み合わせることにより、現世的な肉体中心主義を感じさせる。リベラは、歴史的政治的テーマの巨大な壁画でも知られていたが、1940年代にイーゼルに載せて描いた絵画では、カラーリリーがもっとも記憶に残るイメージを生み出している。南アフリカからもたらされたカラーリリーは、リベラにとって、アフリカから連れてこられた奴隷がメキシコ人の人種構成に果たした役割を象徴するものだった。[14] 多くの場合、リベラは白いカラーリリーと花の

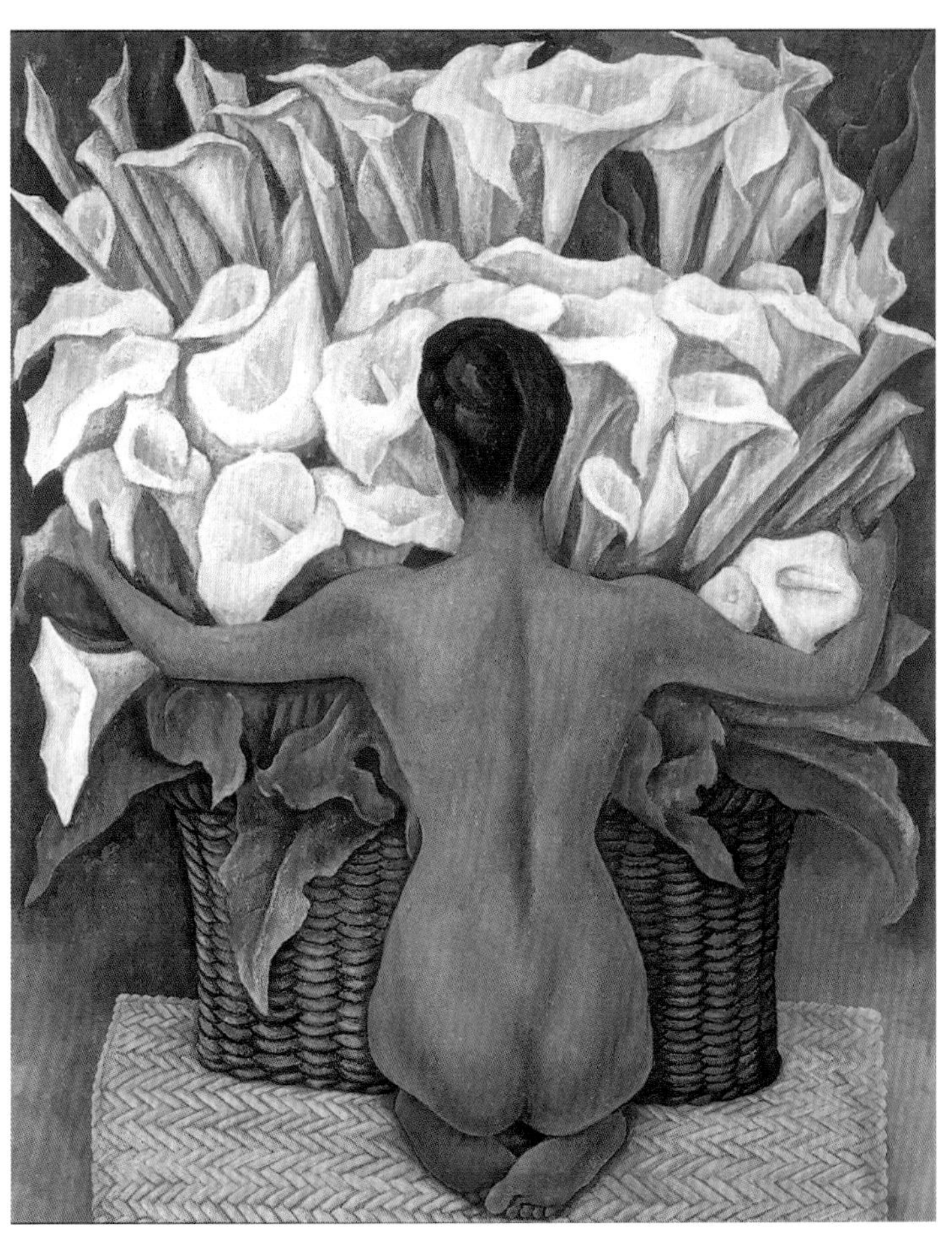

ディエゴ・リベラ、《裸婦とカラーリリー》、1944年、板に油彩。リベラはしばしば白いカラーリリーと浅黒い肌の人物を対比して感覚に訴え、メキシコ人の歴史においてヨーロッパ人とアフリカ人と先住民の間で起こった人種的混合について意見を述べた。

行商人として働く浅黒い肌の先住民や混血の子孫の人々を対比した。しかし、メキシコ先住民とヨーロッパからの入植者の両方を描いた絵でも、花は官能的な強烈な感覚を伝えた。リベラ自身の人種的立場は、メキシコ人とヨーロッパ人の混血である。《裸婦とカラーリリー》（1944年）では、裸婦つまりひざまずいて後ろから見られている浅黒い肌の女性が、巨大なかごに入ったカラーを抱き、ひとつになっていくように見える。《ナターシャ・ゲルマンの肖像》（1943年）では、大量のカラーリリーが、主題である美しい金髪の女性の性的魅力をいっそう強めている。彼女は、メキシコで映画界の大立者になったロシア人、ジャック・ゲルマンの妻である。襟ぐりの深いぴったりした白いドレスを着たゲルマン夫人が、緑のソファに寝そべっている。後ろにカラーが何本もあり、体の輪郭にそって曲線を描いている。その長い緑色の茎、白い花、黄色の中心部は、彼女の色やしなやかに湾曲した姿と符合している。

驚くにはあたらないが、性的な題材を用いたことで知られる20世紀のふたりの芸術家サルバドール・ダリとロバート・メイプルソープは、性的シンボルとしてカラーリリーを使用した非常に大胆な作品を制作した。ダリの《大自慰者》（1929年）はフェラチオの空想を描いた悪夢のような絵だ。この画家の歪められた横顔が目を伏せ、キャンバスいっぱいに広がる。首の後ろに長い首の女性の頭と肩が船首像のように突き出し髪をなびかせている。目を閉じた彼女の顔が、大きいがぐったりした男根に近づく。彼女の胸にある記章のようなものは白いカラーリリーだ。

オキーフと同様、メイプルソープも人の目をくぎ付けにするようなカラーリリーのクローズアップを制作した。カラーリリーはこの写真家がとくに好む題材のひとつで、1989年にデザインした陶板にも登場し、現在、ブルックリン美術館に収蔵されている。彼のカラーリリーの完全に性的な写真は明確かつエロティックで、見方によって、この花の男根に似た肉穂花序を強調しているようにも、その女性的な曲線とくぼんだ形を強調しているようにも見える。これらの写真は、彼の同性愛のイメージと結びつけられることにより、さらにセンセーショナルなものになった。この頃、エイズについての恐怖が増していたので、なおさら人々に衝撃を与えたのである。カラーリリーの写真は、1989年にワシントンDCの現代美術館で開催されたメイプルソープの非常に物議をかもした回顧展「ザ・パーフェクト・モーメント」の重要な要素だった。写真のひとつが展覧会のカタログの表紙に使われ、性的な内容の作品があることを暗に示している。展示された写真の多くに性行為があからさまに表現されていたことに保守的な政治家たちが憤慨し、展示内容とスポンサー団体が公的資金を受け取っていたことを理由に、展覧会を攻撃した。カラーリリーの写真はそれほど議論の的にならなかったが、ある評論家は、巨大な写真が「圧倒的な官能性」を発散して見る人を「引き込み、自分の原始的な性衝動を認めざるをえなくする」と述べた。[15]

時代の流れを振り返ると、「リリー」は性に対する知的、道徳的、芸術的反応のジェットコースターのように激しい変化を経験したように思う。さまざまな形の文化的表現でこの花は性的シンボルとして用いられ、それは性的認識が高まりオープンになった時代にピークを迎え、禁欲主義と厳しい道徳規範の時代に下火になった。しかし、オスカー・ワイルドが示したように、性的抑圧の時代においてさえ、それは従来の道徳に対する反抗の効果的なしるしになることができた。フロイトの説をめぐる騒ぎと一緒に、現代アートや評論におけるリリーをめぐる性的熱狂は冷めていった。

議論の的になったカラーも含めあらゆるリリーが、性的な含みなしに、ジム・ダイン（《カラーリリー、ヴェローナ》、１９９２年）のような現代アートの作家による無数の作品に登場している。おそらく我々はいろんなものに飽きた無関心の時代にいる。しかし、事実上もっともセクシーな花といえるカラーリリーは、いつでもその光り輝く官能性をあらわにする用意がある。

第8章　生と死の問題

ガーデナーを除けばたいていの人が、ユリから葬式と結婚式しか連想しない。花の美しさははかないものだから、花が生と死に結びつけられるのは避けられないことだ。そしてユリはずっとこのふたつと密接な関係にあった。東アジアだけでなく古代エジプト、ギリシア、ローマでも、死者をたたえ強い香りで死の臭いをかくすために、ユリは葬式に欠かせないものだった。ジャック・グッディによれば、古代ローマでは、葬式で遺体を飾り、宴会で客の上にまき、墓に供えるために、「大量の花が必要だった」。また、ユリは生命が永遠に続くしるしとしてエジプトとローマの墓に彫られた。葬式からかなりたっても、この花は死者を追悼する重要な習慣に欠かせなかった。家族は生花を持参して、「とくにユリ、バラ、スミレで墓を飾り、死者がまだ忘れられていないことを示した」[1]。

これと対照的に、ローマ帝国のキリスト教徒とユダヤ教徒は葬式や墓地で花を使うことを拒否した。花がローマの宗教的な風習と関係が深かったからである。のちにキリスト教徒はユリを聖母マリアと復活のしるしとして受け入れたが、今日でも正統派ユダヤ教の葬式では花の禁止が続いている。ピューリタンも、悲嘆にくれる家族を花で慰めることを控え、あらゆる宗教儀式で花は使わなかった。キリスト教徒の復活を約束するものだとしても、ユリが聖母と強く結びついていたため、彼らから見てカトリック的すぎるものとの、つながりを警戒したのである。

白いユリはキリスト教徒の高徳のしるしで、最後の審判の強力なシンボルでもあった。中世からルネサンス期にかけて、最後の審判は、頭の両側から巨大なユリの剣が出るイエスの姿で表されることが多かった。ユリの側では天使たちが祝福された人々を天国に導き、剣の下では悪魔が罪を犯した人々を地獄の口へと追いやる。ユリと死の関連付けは、多くの詩人にとって発想のもとだった。17世紀の詩人アンドルー・マーヴェルは、今日では「はにかむ恋人へ」でもっともよく知られているかもしれない。これは、死が喜びを終わらせる前に肉体的な愛を楽しめという、一種の「カルペ・ディエム」の呼びかけである［*carpe diem* はラテン語の格言で、「その日を摘め」つまり「今を楽しめ」という意味］。しかし彼は、ユリとバラという古代ローマの象徴体系がちりばめられた田園詩も書いた。「仔鹿の死を嘆く乙女」は、子鹿の死によって具象的に表現された、失われた恋への感傷的な哀歌である。子鹿は乙女の不誠実な恋人からの贈り物で、「気紛れな騎兵隊」によって殺される。子鹿同様、乙女も「酷い男たち」の犠牲者で、庭にいる子鹿の描写は、罪のない者の死を描いた胸を打つ一枚の絵である。

ここにはわたしだけの庭がある、
薔薇がひどく繁茂していて、

アルブレヒト・デューラー、《最後の審判（小受難）》、1510年頃、木版画。イエスの頭の両側のユリと剣が、天国か地獄かの人間の運命を象徴している。

また百合もそうですし、ひとが見たら
小さな荒野かと思うほどです。
一年の内で春の季節はいつも
仔鹿はことさら好んでそこにいましたわ。
百合の花壇の中を、わたしは
たびたび探した、それが寝そべっているはずの場所を。
けれど、自分から起きあがろうとしなければ、
見つけられなかった、直ぐ眼の前にいても。
亜麻色の百合の蔭に、
盛りあがった百合の花そっくりに寝ていたから。
薔薇の花をよく食べたので、
唇から血が出ているように見えることさえあった。
それからこちらへ一目散に跳ねてくると、
薔薇の花をわたしの唇に押し付けた。
でも仔鹿のいちばんの楽しみは
いつも薔薇を腹いっぱい食べること、
その穢れを知らぬ純潔な脚を
冷たい百合の真白な褥（しとね）に折りたたむこと。

スイレンの泉にある悲劇の恋人たちポールとヴィルジニーの彫刻、カプリ。この若い恋人たちの物語は、1787年にジャック＝アンリ・ベルナルダン・ド・サン＝ピエールによって、自然を、フランスの上流階級の生活の不自然さによって汚されたふたりの子どもにたとえた寓話である。

もしもいつまでも生きていたら、膚の
外側は百合、内側は薔薇となったでしょうに。
(「仔鹿の死を嘆く乙女」、『アンドルー・マーヴェル詩集』所収、星野徹訳、思潮社)

ユリは、「やさしい死に半ば本気で恋をした」ジョン・キーツのようなロマン主義の詩人にとっても魅惑的な死のシンボルだった。ユリの花の白さは病気と差し迫った死の青白さのしるしでもあった。キーツはこれらのしるしをみな嫌というほどよく知っていた。「ナイチンゲールによせるオード」(1819年)で「やさしい死」について見事な詩を書いたとき、弟のトムが少し前に結核で亡くなっていて、自分もこの病気で死ぬのではないかと恐れていたのである。同年、キーツは「非情の美女(ラ・ベル・ダーム・サン・メルシ)」を書き、その中で自分を「ただひとり、顔蒼ざめてさまよう」鎧の騎士と重ねている。

あなたの額に百合が見える、
苦悩と熱でじっとり汗ばみ。
（「非情の美女」、『キーツ詩集』所収、中村健二訳、岩波書店）

騎士は夢をみる。「顔蒼ざめた王たち、王子たち、顔蒼ざめた兵（つわもの）たち——誰も死のように蒼ざめていた」。そして、みな「非情の美女」という死を象徴する人物の虜になっている。

1804年に日本から導入されて以来イギリスの庭の常連になった、陽気なオレンジ色のオニユリでさえ、テニスンの「年の終わりに霊が訪れ」では死の前触れである。1830年にこの詩を書いたとき、テニスンはまだ21歳だったが、死を暗示するほの暗い秋の庭に魅せられている。ふたつの節の後半の繰り返し部分で、枯れゆく花の描写が葬送歌のように重く響く。

年の終わりに霊が訪れ
黄色に染まる木陰の中に宿る。
彼は独り言をいう。
夕方、耳をすませていたら、
小道で仕事をする彼が

すすり泣きため息をついてるのが聞こえるかもしれない。
朽ちていく花の重い茎を
彼が地面の方へ曲げる。
大きなヒマワリが重たげに頭を垂れる
凍るように冷たい土の墓の上に。
タチアオイが重たげに頭を垂れる。
オニユリが重たげに頭を垂れる。

空気は湿り、静まりかえって、むっとする。
死の一時間前の
病人が休む部屋のよう。
私の心は気弱になり、私の魂が悲しむ
腐っていく葉の湿った豊かな香りを、
下で消えていくツゲの縁取りの
かすかなにおいを、
そして今年最後のバラを。
大きなヒマワリが重たげに頭を垂れる
凍るように冷たい土の墓の上に。

タチアオイが重たげに頭を垂れる。
オニユリが重たげに頭を垂れる。

エドガー・アラン・ポーはテニスンの陰気な詩と、マーヴェルのニンフと子鹿の詩の「悲哀」を大いに称賛して、「どの一言にもただよう哀感がいかに真に迫っていることか！」と述べた。しかしポーはユリ（そしてスイレン）を、詩と物語の中で悪夢のような光景を作るために使った。アメリカ大陸のマヤ・ナランホ文化では、スイレンが死者の霊と結びつけられ、湖や池をあの世への入り口とみなした。ポーはこの関係を知らなかったかもしれないが、彼のスイレンについての記述は同じような恐怖と荒涼としたものを感じさせる。「ドリームランド」（1844年）で彼は次のように書いている。

果てしなく広がる湖
その誰もいない水面は——さびしく死んでいる。

この節の最後の2行はテニスンの詩を思わせる。

その動きのない水面は——静かで冷たい
だらりと垂れたスイレンが雪のよう。

ポーの「沈黙――ある寓話――」（1837年）に、ぞっとするような場面がある。魔鬼が語るこの物語の場所は「リビアの荒涼たる地域を流れているザイヤ河のあたり」となっている。

この河の底は泥で、河の両側には何マイルにもわたって巨大な水蓮が浮かぶ沼地が横たわっている。そして水蓮はそこの孤独のなかで溜息（ためいき）をつき、その長い、奇怪な頸（くび）を空に向かって差し伸べて絶えず頭を揺り動かしている。またそれらの水蓮のあたりからは何か地下水が烈（はげ）しい勢いで流れるのに似た不分明な囁（ささや）きが始終聞こえてくる。そして水蓮はたがいにうなずき合って溜息をついている。

（「沈黙―ある寓話―」、吉田健一訳、『世界の文学 セレクション36』所収、中央公論社）

この地獄のような場面は「水蓮の沼……荒涼たる光景」であり、物語の最初から最後まで「蒼白い水蓮の群れ」が登場し、クライマックスで「水蓮は叫喚（きょうかん）」する。

詩人テッド・ヒューズは、「スイレンを描く」（1960年）でスイレン池を暗いあの世、古代の世界と現在の世界を結びつけるものだといい、なんとなくポーの不気味なイメージが思い出される。トンボがミニチュアの翼竜のように池の上を飛び、スイレンにとまる。ポーの叫喚するスイレンとは異なり、ヒューズのスイレンは静かなままで、「絵のように、ふるえることはほとんどない／トンボが降りてきても／どんな恐ろしいものが根をつついても」。

ポーは死についての感傷的な詩も書いており、とくに「レノーア」（1843年）では、若者が婚約者の死を悼まない。それは彼女が「天国の王のかたわらの黄金の玉座」へ昇っていくと思うからである。ロセッティはポーの詩に触発されて、自身の詩（1850年）と絵画《祝福されし乙女》（1875〜78）でこのテーマを展開した。「はにかむ恋人へ」で「墓場は人目につかないよい場所／でもそこで抱き合う人はいないでしょう」といったマーヴェルとは異なり、ロセッティは死を超越する情熱を表現している。この絵は「天国の黄金の桟」から見下ろす美しい「乙女」を描いている。乙女は、彼女の清純さを示す白い花が3ついた1本のユリをもっている。絵の下の方で、地上の恋人が見上げて乙女と目を合わせ、「まどろむように／乙女の曲げた腕に寄り添う」（「天つ乙女」、松村伸一訳、『D・G・ロセッティ作品集』所収、岩波書店）ユリのように彼女が慰めてくれる日を夢見ている。天使たちがふたりを隔てているが、この絵は詩と同じように官能的な愛を生き生きと描き出している。乙女のまわりには抱き合う恋人たちがいる。そして下では地上の恋人が彼女のしなやかな体が「もたれた桟を温める」のを想像している。[2] ほかの多くのヴィクトリア時代の詩や絵画の場合と同じように、ここでもユリが清らかさと性愛の境界をあいまいにしている。

性と死のシンボルとしてもっともわかりやすい植物は、ショクダイオオコンニャク（*Amorphophallus titanum*）で、これはカラーと同じサトイモ科のエキゾチックな植物だが、巨大なかなり変わった花を咲かせる。原産地はスマトラの熱帯雨林で、巨大な男根のような肉穂花序を上に出し、その高さは3メートル近くになることもある。しかし、キューガーデンに大勢の人を集めたこの生殖にかかわるショーは、すぐになぜこの植物が死体花とも呼ばれるのか明らかにする。開花すると腐

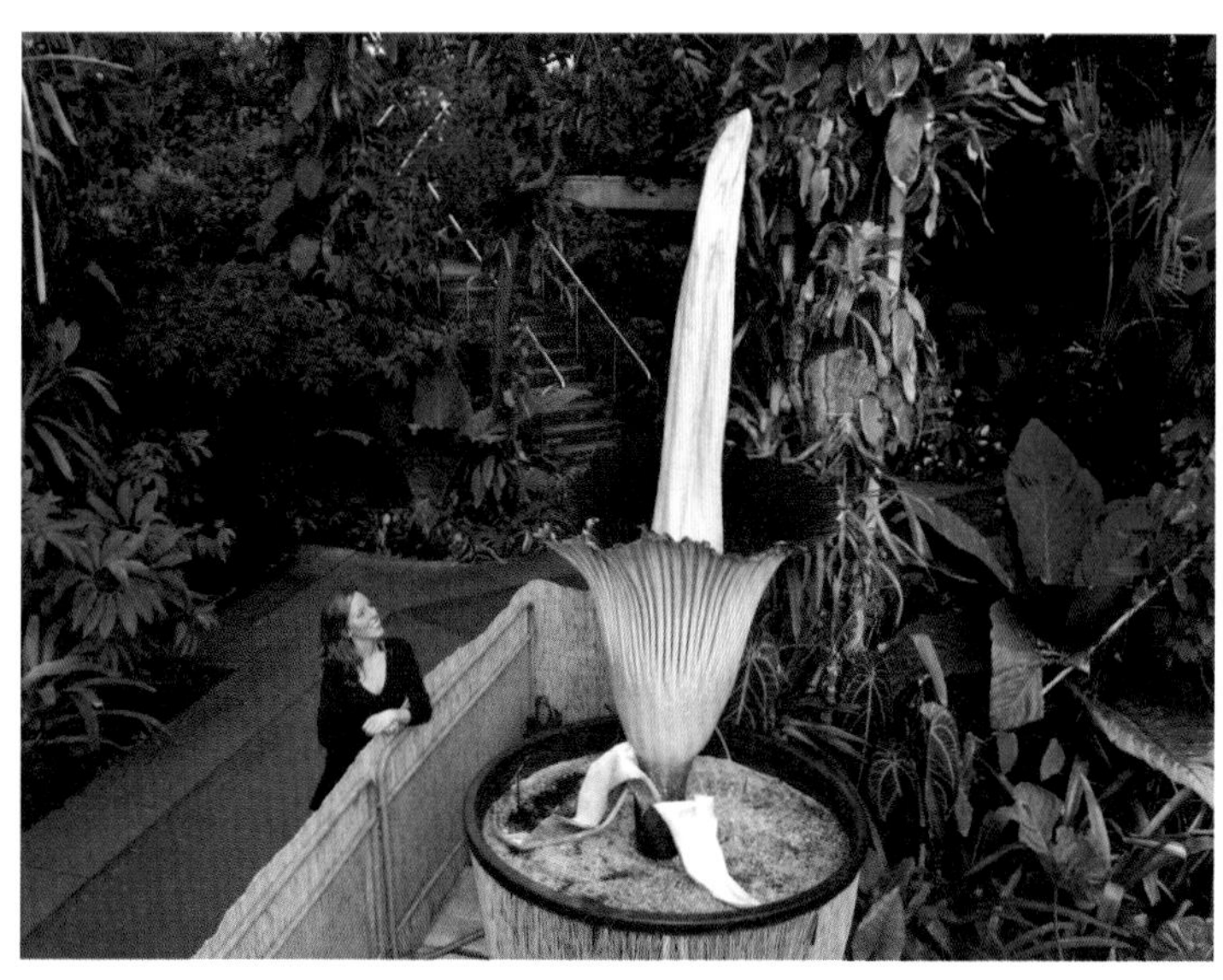

キューガーデンで開花した「死体」花、1994年。この巨大な熱帯の花は腐りかけた肉のようなにおいを発して、肉食の授粉昆虫を引き寄せる。

りかけた肉のような悪臭を出して、授粉してくれる腐肉食の昆虫を引き寄せるのである。

ヴィクトリア時代の人々は、死とそれを象徴するものにほとんどフェティシズム的といえるほど魅了されていた。家族の死から1年以上、黒い喪服と黒い宝飾品を身に着け、しばしばその中に遺髪を入れた。白いユリが棺の中や遺影の上に置かれた。19世紀中頃以降は、マドンナリリーやイースターリリーではなく、カラーリリーが伝統的な葬儀の花だった。アブラハム・リンカーンの葬列がワシントンDCからイリノイ州スプリングフィールドの墓所まで旅したとき、棺の上を飾った花でとりわけ目立ったのがカラーリリーだった。[3] 1901年にはヴィクトリア女王の死の床にもまかれた。フーベルト・フォン・ヘルコマーによる絵画《臨終のヴィクトリア女王》（1901年）では、「仏炎苞のような白布に包まれたカラーリリーのような姿の女王の遺体から、青白い顔が肉穂花序のように出ている」[4]。イースターリリーが葬儀の花として一般に広まったのは、大衆市場向けに商業的に生産され始めた20世紀になってからのことである。再生と復活を祝うイースターの頃に開花するのは自然に起こることではなく、販売のための操作である。球根を戸外に植えると花が咲くのは夏だが、種苗業者が促成栽培して毎年春のイースター休暇に間に合うように咲かせるのだ。

キャサリン・マンスフィールドの短編小説『ガーデン・パーティー』では、みずみずしいカンナリリー（カンナ）のイメージによって、性と死と官能性の神秘が具象化されると同時に、特権階級の家族の贅沢な屋敷と労働者階級の男の貧相な小屋が対比されている。1922年に発表されたこの小説は、現代短編小説のごく初期の例とみなされた。ストーリーは思春期の少女ローラが感じたことを中心に展開し、彼女は性の目覚めを体験し始めたちょうどそのときに初めて死と向き合う。裕福なローラの家族が園遊会を開く準備をしていると、花屋が鉢植えのカンナリリーを配達してくる。その量の多さと強烈な色が性的効果を及ぼし、少女は喜びでほとんど気絶しそうになる。

ドアのすぐ内側に浅い大きなトレイがあって、その上に隙間なくピンク色の百合の鉢が並べられていた。そのほかの花はなかった。百合だけだった――カンナ百合。大きなピンクの色の花。いっぱいに花弁を開き、咲き誇り、明るい真紅の茎の先で、こわいくらい輝いていた。
「ああ、……」ローラは言った。ローラの声は、嘆きの声にも聞こえた。彼女は百合の炎で体を温めたいとでも思っているように花の前にしゃがんだ。ユリが胸のあわいで生長して、指の隙間で咲いているような、唇の上で咲いているような感じがした。

（『ガーデン・パーティー』、西崎憲訳、『マンスフィールド短篇集』所収、筑摩書房）


パーティーが始まろうとしているとき、ローラは道のすぐ先に住む労働者が事故で死亡し、妻と5歳の幼児が残されたことを知る。このニュースにショックを受けた彼女は、母親にパーティーを中止するよう訴えるが、「ああいうふうな人たちは、わたしたちが犠牲的なことをするのを、期待していないのよ」といって説得されてしまう。少女は、罪悪感と食べ物や花の魅惑的な喜びの間で引き裂かれそうになりながらパーティーにとどまる。あとで母親から、残った食べ物とカンナリリーをいくらかあの労働者の家族へ持って行くようにいわれる。夫を失った未亡人に会うと思うとローラは尻込みするが、今度もまた無神経な母親に説得されてしまう。食べ物のバスケットと花をもって労働者の暗い小屋に入ると、死者が寝かされている小さな寝室に案内される。事故の跡はなく、眠っているだけのように見える。「彼は自分の夢のなかに入っていってしまったのだ。ガーデン・パーティーや、バスケットや、レースのワンピースはこの人にとって何も意味がなかったのではないだろうか？　彼はそういうものから遠く隔たっていた。彼は素晴らしく、そして美しかった」。帰宅した彼女はその日起こったふたつのことのあまりの違いに衝撃を受ける。すすり泣き、つかえながら兄に話し、言葉にできたのははっきりしない疑問だけだった。「『生きることとって』……けれど生きることがどういうものであるのか、彼女には説明することができなかった」

現代詩において、リリーは死すべき運命を表現するものでもある。「デイリリー」（2003年）

でロザンナ・ウォーレンは、デイリリーの「しなびた」花びらの描写、「……しわくちゃになった一つひとつの塊から／絡み合った耳障りな音が垂れ下がり／縮んで音楽の網になる」というくだりは刺すような喪失感を伝えている。この詩は、花のはかない美しさと、変わることのない土に苦労して植えた今はいない人々を生き生きと描いている。

◉命のしるし

デイリリーはその名によって時のはかなさについて語るが、ベン・ジョンソン（1573〜1637）が詩に書いているように、その美しさがすぐに忘れられることはない。

1日しか咲かない
5月のユリがはるかに美しい、
その日の夜に散って枯れるとしても。
それは光の植物、光の花。

デイリリーの花は1日しかもたないが、この植物は田舎の小道や古い農家の畑にほとんど永久に生えている。ウォーレンの詩が伝えているように、この花は消えゆく世代と世代の間の命のつながりを意味する。エミリー・ディキンソンの詩「暗い地面から」のユリが球根から花になるくだりは、

フランス語でミュゲというスズランは「ポルト・ボヌール」つまり幸せをもたらすもの、あるいは幸運を願うことを意味し、伝統的に5月1日に届けられるカードに使われる。フランスの絵ハガキ、1900年。

花の誕生を表していると同時に霊的覚醒の旅を象徴的に表現している。

暗い地面から――教育を受け
ユリが自信をもって出てくる
彼女の白い足は――ふるえてはいない
彼女の信仰は――恐れてはない

そのあとは――草原で
緑柱石の鐘をゆらしながら
土の中の生活は――今ではみな忘れ
恍惚として――谷にいる

キリストの十字架上の死とのつながりでマリアの涙と呼ばれることもあるスズランは、春の5月の花でもあり、ヴィクトリア時代の花言葉では「再び幸せが訪れる」ことを意味した。19世紀に喪の花だったカラーリリーは、今日では洗練された結婚式のブーケに使われ、死ではなく生を祝福する。

ユリは、死に直面したときの生に対する愛も表現する。モネは、第一次世界大戦の恐怖を背景にスイレンを描いた。庭を通り抜ける線路を軍用列車が走り、息子が1916年にヴェルダンの激戦

ジヴェルニーのスタジオで《睡蓮》のパネルの前に立つクロード・モネ、1905年頃。

地で戦っていたため、モネは戦争のことを痛いほどわかっていた。１９１４年の開戦のときでさえ、同国人たちが大きな苦難に見舞われているときに絵に没頭することについて、「これほど多くの人々が私たちのために苦しみ死んでいるときに、形や色の探究について少しでも考えるのはちょっと恥ずかしいことだ」と、罪の意識を表明していた。しかし、セントルイス美術館の学芸員サイモン・ケリーは、モネのこの時代のスイレンの絵について「もっと肯定的な見方をしており、それは破壊と蛮行に直面して自然がもつ復活させる力に焦点をあてた作品が制作されたからである」[5]。そして彼の絵は戦争と死の時代に人々に慰めを与え続けてきた。ベトナム戦争、そして公民権運動の平和的なデモに対する血なまぐさい攻撃があった頃、モネのスイレンの絵を見に行ったことを詩人のロバート・ヘイデン（１９１３〜８０）は、「セルマとサイゴン」の「毒」に対する美しい解

クロード・モネ、《睡蓮の池》、1904年、キャンバスに油彩。

毒剤だと表現した（「モネの睡蓮」、1968年）。［セルマは公民権運動のデモに対する弾圧「血の日曜日事件」が起こった場所］

ユリは、第二次世界大戦中に希望のイメージとしても人気があった。アメリカが参戦した数ヶ月後、『ニューヨーク・タイムズ』紙（1942年4月6日付）に「不滅」というタイトルのイースターリリーのスケッチが掲載された。荒れ狂う「全体主義の火」に囲まれてすっくと立つユリは、連合軍が勝つという確信のシンボルだった。また、ドイツ占領下のフランスにおいてさえ、戦争中も5月1日がくるたびに行商人は伝統的に幸運のシンボルであるスズランを売り続けた。

多くの現代の詩人が、生と死について考えるのにユリのイメージを用いてきた。トーマス・ハイゼもブラックユーモアでそれ

第2次世界大戦中のヴィシー政権下でのフランスの労働者の日のポスター。スズランはフランスでは伝統的に五月祭の幸運のシンボルだが、ここに描かれている花茎は弱々しい希望のシンボルのように見える。

ピエール・ジャン、占領中のパリでスズランを買うドイツ軍将校、1941年5月1日。

2001年に元ビートルズのジョージ・ハリソンが亡くなったあと、自宅の外に供えられたユリ。

をしている。彼の詩集『虚無に対する恐怖 *Horror Vacui*』（2006年）の「墓碑銘X」で、彼はカラーリリーを「昼間は傘のように」持ち運び、「墓地の門」に置いて「管理人に見つかるまで」眠りたいという。メアリー・オリバーの詩集『光の家 *House of Light*』（1990年）にある「ユリ」は、山上の垂訓に対する個人的な答えである。彼女は「風に揺れる野のユリのように」生きることについて考えるが、その謙虚な我慢強さをうらやみはしない。それどころか彼女は、ハチドリに触れられたときのユリの性的喜びを想像する。この詩はつかの間の喜びと避けられない死を認める胸を打つ詩だが、「うっとりするようなユリが／牛の舌の上で抗議もせずにとけていく」自然の美の感覚を呼び起こす詩でもある。

スズラン、ウィルヘルム・パントマイム・デザインズによるバレエ衣装、水晶宮で上演された『ベルフラワーのバレエ』より、1890年。

第9章　いつも楽しませてくれる

過去2世紀にわたってユリはそれがもつさまざまな意味を、歌、劇、映画、児童書、日常の話に提供してきた。こうした最近の大衆娯楽においても、神話、美術、文学と同じように、ユリは宗教から人種問題までさまざまな文化的道徳的な問題、あるいはコメディーやセクシュアリティの変化する流行を反映している。

アメリカのもっともよく知られている19世紀の歌で、南北戦争での北軍の行進曲で現代のスタンダードになっている「リパブリック讃歌」の、「美しいユリの中、主は海の向こうで生まれた」という歌詞には昔ながらの宗教的象徴体系が認められる。数年後、神聖な白いユリとは対照的にきらびやかなオニユリが、ルイス・キャロルの『鏡の国のアリス』（1871年）の重要な役どころとして記憶に残る登場を果たした。「いきている花たちの庭」から出る道を見つけようとしていたアリスがこの花と出会い、驚くようなやりとりをする。

Paris.
Merveilleuse.
N.° 16.
Chapeau de paille d'Italie, par-dessus à la Chinoise.

オラース・ヴェルネ（1789～1863）の原画をもとにジョルジュ＝ジャック・ガティーヌ、ユリの帽子をかぶった女性、イラスト。ユリはこの「素晴らしい16番」の麦わら帽子のような凝ったファッションのデザインになくてはならないものになった。

音楽室のスイレンの形をしたシャンデリア、ブライトンのロイヤル・パビリオン、1824年。この色彩豊かなイラストには、左側に座っている摂政皇太子を迎えて開かれたパーティーが描かれている。

「まあ、オニユリさん！」優美な姿で風にゆれている花に、アリスは話しかけました。「あなたとお話ができたら、いいんだけど！」

「お話ならできるともさ、」とオニユリは答えました。「相手にするねうちのある人さえいればね。」

（『鏡の国のアリス』、生野幸吉訳、福音館書店）

神話や従来の文学では、情熱的なバラにとって純白のユリは競争相手ではないが、このオレンジ色のオニユリは明らかに庭を指揮下に置いている。彼女は「お黙りなさい、みんな！」といって、ぺちゃくちゃしゃべるヒナギクたちに静かにしているように命令する。そして、アリスの顔に「いくらか分別らしいものがある」し「いい色合いをしてらっしゃるわ」というバラに対して、「あたしなら、色なんてかまやしない」とオニユリは口をはさみ、「この子の花びらが、もうちょっと巻き上がっていさえいれば、申し分ないんだけどねえ」と反論する。

この時代、白いユリは耽美主義のシンボルとして好まれ、不遜な彼らを賛美するしるしでもあった。イギリスで1870年代から80年代に絶頂期を迎えたこの運動は、芸術はいかなる道徳あるいは倫理規範からも離れた美の個人的認識であるべきだという考えを世に広めた。この考え方は、芸術家たちだけでなく、新興の中産階級も多くの人が受け入れ、しだいに芸術家のパトロンをするようになった。1881年にロンドンで公開され、同年にアメリカで巡回公演をしたギルバート・アンド・サリバンのコミックオペラ『ペイシェンス』は、耽美主義の芸術家とパトロンを風刺して

アリスが話をするオニユリと出会う、ルイス・キャロルの『鏡の国のアリス』（1871年）よりジョン・テニエルによる挿絵。

いる。その年に発表された歌「私の耽美的な愛、あるいは完全に完全、完璧すぎるくらい完璧」には次のような歌詞がある。

彼女は完全に完璧すぎ！
そしてユリと古い青磁で生きている。

この楽譜のタイトルページには、ユリが3本植わった青い鉢を見つめる悲しげな若い女性が描かれている。

『ペイシェンス』の主要な登場人物のひとりは、「肉欲的な詩人」レジナルド・バンソーンで、当時の何人もの耽美主義の詩人——アルジャーノン・チャールズ・スウィンバーン、「肉欲的な」絵画でも知られるダンテ・ゲイブリエル・ロセッティ、オスカー・ワイルド——をもとにしている。バンソーンはワイルドのように膝下までのズボンとベルベットのベストを着て、ユリをもって歌う。「告白させて！　ユリへのせつない愛にもぼくはしおれない！」と。1882年にオペレッタのプロデューサーであるドイリー・カートは、耽美主義に関する講演をいくつかしてアメリカでこの作品を広めようとワイルドを雇い、講演によってワイルドはバンソーンと同一視され、ユリは女性のような芸術家のしるしだという考えが定着した。その年にアメリカで出版された「フリッピティ・フロップ・ヤングマン」の楽譜の表紙にはオスカー・ワイルドの写真があった。この歌に次のような一節がある。

『ペイシェンス』の「ペイシェンス・カドリール」の楽譜の表紙。ギルバート・アンド・サリバンによる、架空の詩人レジナルド・バンソーンを主役とする耽美主義のパロディー。彼のしるしであるユリが左上を飾っている。

ぼくはユリを崇拝する若者。
松葉づえとつまようじの素敵な若者。
ちょっといかれた、バーナードとギルバーティ
紙の若者であんたを打ちのめす。

非常に人気があった『ペイシェンス』はギルバート・アンド・サリバンの作品としては『ミカド』に次ぐ長さのロングラン作品だった。初演のすぐあと、その影響を受けて男性と女性の耽美主義者を両側に配置したウースター・ティーポットが作られた。どちらの人物も、手首をやわらかく曲げて注ぎ口を、手を腰に当てて取っ手を形作っている。片側にはヒマワリ（もうひとつのよく知られた耽美主義のシンボル）を身に着けた長髪の女性っぽい男性が、反対側にはカラーリリーをもった女性がいる。男性にある口髭だけが、この人物を女性から区別するものだ。

劇作家としての人気が絶頂期にあったとき、ワイルドのトレードマークであるユリを、ファンたちもつけ始めた。1895年に『真面目が肝心』が初演され、わずか3年で彼にとって4度目のヒット作となった。2月14日バレンタインデーの初演の夜、ロンドンは吹雪に見舞われたが、それでもセント・ジェームズ劇場はファッショナブルな人々で満員だった。「ワイルドのしゃれ男風の耽美主義への賛辞として、女性たちはユリの花のコサージュをつけ、多くの若い男性がスズランを燕尾服の襟につけた」[1]。もちろんワイルドも、黒いベルベットの襟がついた白いベストのボタンホー

ルにスズランを挿した。だが、その夜は、ワイルドの作家生命を終わらせ、彼のしるしであるユリから連想されるものを耽美主義から同性愛に転じることになるスキャンダルの始まりでもあった。

ワイルドは、イギリス人女優で1870年代から70年代のロンドンで人気のあったリリー・ラングトリーを敬愛していた。彼女は、ジョン・エヴァレット・ミレー、エドワード・ポインター、エドワード・バーン＝ジョーンズ、フランク・マイルズといったラファエル前派の画家たちからモデルとしてとくに気に入られ、彼らが制作した肖像画によって当時もっとも有名な美人になった。ほかにもLilyまたはLillieという名の女性有名人がたくさんいたが、彼女ほど実際の花と結びつけられた人はいない。1853年にエミリー・シャーロット・ル・ブレトンとして生まれた彼女は、「ジャージーリリー」という愛称で呼ばれた。それは出生地であるチャネル諸島のジャージー島と、非の打ちどころのない象牙色の肌からきている。ワイルドは彼女の親しい友人になって「リリー」という名をつけ、女優になるよう勧めた。そして公演のあとには大量のユリを贈るのだった。ワイルドは、ポインターによる彼女の肖像画を、ロンドンのアパートで客間に置いたイーゼルに飾り、鉢植えのユリで囲んだ。[2] ワイルドと同じように、ラングトリーもユリを自分のトレードマークにした。髪にジャージーリリー（*Amaryllis belladonna*）を飾った彼女の写真やスケッチの複製が絵葉書になり、広く販売された。いくつかはマイルズが描いたもので、彼は有名人をスケッチしては出版社に販売することで生計を立てていた。彼はユリも育てていて、新種の栽培までしていた。[3] 王立美術院に掛けられたマイルズによるラングトリーの肖像画《ジャージーリリー》（1878年）には、ガーンジーリリー（*Nerine sarniensis*、17世紀に南アフリカからもたらされた）を手にもつ彼女が描かれて

リリー・ラングトリー、「ジャージーリリー」とも呼ばれる女優がユリを集めている、スタジオ写真、19世紀終わり～20世紀初め頃。

いる。それは、彼女がコヴェントガーデンでポーズをとっているとき、ジャージーリリーが手に入らなかったからである。何度も結婚しては離婚したラングトリーは、皇太子、のちのエドワード7世の公認の愛妾でもあった。女優として活躍したのち、広告で化粧品と石けんを宣伝し、1890年には雑誌『パンチ』に石けんの木箱に座ってユリを1本手にした姿で漫画に描かれた。死後何世代かたって、彼女はなんと、ザ・フーの「リリーのおもかげ」(1967年)という歌の題材になった。この歌は遠回しに子ども時代のマスターベーションをユーモラスに歌っていて、父親が、息子がよく眠れるように寝室の壁にリリーという名の美しい女性の絵を掛ける。少年はこの絵と恋に落ち、父親にどこでリリーに会えるかと尋ねる。歌には具体的にラングトリーという名前は出てこないが、絵の女性は(ラングトリーと同じ)1929年に亡くなったと父親は説明する。

アメリカのもっとのちの劇や映画のスター、キャサリン・ヘプバーンは、映画『ステージ・ドア』(1937年)でカラーリリーについての短い台詞を口にし、それは語りつがれる名台詞になった。ヘプバーンは、ブロードウェイの劇場で出世しようとしている若い女性でいっぱいのニューヨークのシェアハウスに住む、野心のある女優を演じている。裕福な父親の影響力によって劇の出演者に選ばれ、繰り返し台詞を練習するが納得がいかない。とくに競争相手で皮肉をいうジンジャー・ロジャース、ルシル・ボール、イブ・アーデン演じるルームメートたちには、台詞が空疎に聞こえる。しかしいったん映画のクライマックス――住人のひとりの悲劇的な自殺――になると、ヘプバーンが再び口にした台詞には重い意味と深い味わいがあった。「またカラーリリーの花が咲いている。どんな場面にも合う不思議な花。結婚式の日にこれをもった。今は、亡くなった人をしのんでここ

映画『野のユリ』（1963年）のポスターのシドニー・ポワチエ。

に置く」。

シドニー・ポワチエ主演のアメリカ映画『野のユリ』（1963年）は、山上の垂訓のユリのことを思ってしまうが、筋書きは聖書の話とはまったく違う。これはアリゾナの荒野で東ドイツ出身の修道女の集団のために、カトリックの教会を建てるバプテスト派の黒人男性の話である。この白黒映画には、浅黒い肌の俳優と、白い修道衣を着て吹きさらしの野原にキリストのユリのように立つ白い修道女たちの、視覚的コントラストが強調された劇的な場面がある。ポワチエはこの映画でアカデミー主演男優賞を受賞し、これはメジャーな映画に黒人俳優が受け入れられたことを示す、アメリカにおける人種間の関係にとって画期的な出来事だった。この映画は大成功し、1969年にブロードウェイのミュージカル『ルック・トゥー・ザ・リリーズ』になった。

◉ユリといえば

イエスが言及したユリは赤かったかもしれないが、教会でもハリウッドでも、「野のユリ」の一般的なイメージは間違いなく白である。『野のユリ』は、主役の男性と、彼は神から遣わされたのだと信じて仕事への報酬を払うことを拒否するドイツ人修道女の間の文化的人種的差異をユーモラスに対比しているが、タイトルにユリがある映画での黒人俳優の役には皮肉な意味合いがある。ユリが純粋性のシンボルだということを人種差別主義者がねじまげてできた、黒人排斥を意味する「リリー・ホワイツ」という言葉を思い出すからだ。残念ながらいまだに使われているこの言葉は、アメリカ南北戦争後の共和党内で始まったリリー・ホワイト運動にまでさかのぼる。アブラハム・リンカーンの政党だった共和党は、南部にはほとんど支持者がいなかった。白人の共和党員は、南部の有権者の支持を得ようと、党の指導者の地位から黒人を追い出す組織的な取り組みを始めた。この言葉は、白人の支持者のグループが黒人の代議員を排斥しようとした1888年のテキサス州フォートワースで開催された共和党州大会で始まったと考えられている。ポール・キャスドルフが『テキサスにおける共和党の歴史1865～1965年 *A History of the Republican Party in Texas 1865-1965*』（1965年）で説明しているように、当時、この州の党で実権を握っていた黒人の政治家が、造反グループを「リリー・ホワイツ」と呼び、この言葉が南部全域の同じようなグループについても使われるようになったのである。黒人たちは北部の共和党の指導者にこの運動をやめさせるよう訴えたが、1933年にハーバート・フーバーの最後の任期が終わるまで、共和党の大統領のもとでリリー・ホワイツは優勢だった。リリー・ホワイツの共和党支配は、1930年代に実際的な意味を失った。それは、黒人の党員が民主党のフランクリン・D・ルーズベルトのニューディール連合に参加したからである。

ユリの象徴体系は、もっと古い言葉からも一般的な話し言葉に入ってきた。シェイクスピアはユリの白い色に別の軽蔑的な意味を与えた。マクベスは召使いに、臆病者という意味で「リリー・リバード（ユリの肝臓）」という。肝臓は血液で赤黒いが、押し寄せてくるイングランドの軍勢に対する恐怖で肝臓から血が流れ出て召使いは青ざめ、「シーツのように真っ白な頬」で「乳清(ホエー)のように青ざめた顔」（第5幕第3場）だとマクベスはいう。「リリー・リバード」という言葉は今日でも使われている。ジョン・ウェインはいくつもの西部劇で悪人に挑戦するときに使い、それにならってハリウッド映画の数えきれないほどのカウボーイが同じように侮辱の言葉として使った。

もうひとつの広く知られているユリを使った言いまわしは、シェイクスピアの『ジョン王』の「純金に金メッキをし、百合の花に絵具を塗り……むだで、滑稽で、よけいなことだと申せましょう」（第4幕第2場）（『ジョン王』、小田島雄志訳、『シェイクスピア全集』所収、白水社）に由来する。シェイクスピアは実際には「ユリに金メッキをする」という言葉を使っていないが、この言いまわしは日常会話にしっかりと定着した「gild the lily は、完成しているものに余計な手を加えるという意味で使われる」。そしてシェイクスピアはさらに古い資料から影響を受けていたのかもしれない。大プリニウスは、茎を赤いワインに浸して白いユリに紫の色をつけさせることを批判した。「人間が馬鹿げたものを好むせいで、ユリに薄い色をつける方法も発明された……色がつくように、黒い澱かギリシアのワインに茎を浸しておく[4]」と書いているのだ。また、シェイクスピアは、1597年に彼と同時代のジョン・ジェラードによって書かれた、広く知られる本草書の中の「根が好奇心にかられて開いていれば、そしてその中に腐食性あるいは燃焼性でない赤、青、あるいは黄色がいくらか加えてあれば、花はそれと同じ色になる」という記述からも、この方法を知っていたかもしれない。植物解剖学の父と呼ばれるネヘミア・グルー（1641～1712）は、「ユリに金メッキをする」ことに対するシェイクスピアの警告と同じ精神で、「花につけたい色を植物の本体や根に注入する」のは「白や赤の鉛を食べて顔に色をつけようというのと同じ程度の悪知恵にすぎない[5]」と批判を加えた。今ではユリに七色の色をつけている現代の育種家たちのことを、彼らはどう思うだろう？

香水を作るために圧搾機でユリを絞っている女性たちを描いた古代エジプトの浮彫、紀元前664 ～ 525年。

第10章　1日ひとつのユリで医者いらず

旧約聖書の『ヨブ記』の主人公ヨブの苦難のことを考えると、彼が薬草医に相談しなかったのは不思議だ。古代エジプト人から現代のアロマテラピーの施術者まで、体のあらゆる痛みや病気、心や精神の不調を治すために、ユリとそのほか多くのハーブや花が軟膏、湿布、チンキ、オイルとして使われてきた。

中国人は、少なくとも2000年前からユリを薬として使っている。ユリに言及している現存する最古の中国の文書『神農本草経』は、遅くとも紀元前2世紀には編纂されたが、おそらくもっと前の文書や伝承をもとにしているのだろう。[1] その知識は神農、つまりこの本のタイトルにある農業の創始者とされる伝説の神のものだといわれている。この神にはローマの神マルスと興味深い類似点がある。マルスは戦の神としてだけでなく農業の守護者としても崇拝され、それは母親のユノがユリに触れてみごもったからである。中国の薬草も、西洋のものと同じように、妊娠と出産の痛みも含めあらゆるものの治療に使われた。どちらの文化の本草書も、出産の痛みを緩和し後産を促すためにデイリリーの根を推奨した。中国の妊婦は、男児が生まれるように花を身に着けた。中国人はデイリリー（萱草）を「忘憂草」とも呼び、痛みだけでなく悲しみも癒すことができると信じていた。これは驚くにはあたらない。というのは、いくつかの報告によれば、この植物を大量に摂取すると幻覚を起こすことがあるからだ。[2] 中国の今日のハーブ医学（つまり漢方）では、慢性の咳、血液の不調、ノイローゼ、不眠症にユリの薬を処方し、[3] 西洋の昔の薬草医もこうした症状をユリで治療した。

中国とギリシアで同じ頃に薬草に関する論文が書かれている。アリストテレスは医薬としての植物に関心をもっていたし、弟子のテオフラストスは西洋の文献としては初の植物の体系的分類を書いた。彼の『植物誌』には地中海地方の植物だけでなく、「同門の弟子であるアレクサンダー」（のちの「大王」）によってエジプト、ペルシア、アラビア、インドから届けられた異国の植物も載っていた。[4] ハーバリストは当時の医者であり、もっとも長く信頼され続けたのがギリシアの医師ディオスコリデスで、500の植物の識別と治癒特性に関する1世紀の論文は、「その後の1000年の間に書かれたどれとも比べ物にならないほど素晴らしく」、ウィルフリッド・ブラントは『挿絵入り本草書』の中で、「ネロとウェスパシアヌスの治世に『薬物誌』を書いたディオスコリデスの影響が少なくとも19世紀まで持続したのは、信じられないほど途方もないことに思える」[5] と述べている。ローマ帝国の崩壊後、医術はほとんど消えてしまい、アラビアの翻訳者とディオスコリデスの写本を苦労して書き写したキリスト教の修道士たちによって細々と維持されていた。ディオスコリデスの著作が医学に関する第一の権威書であり続けたのは、何世紀もの間、これに代わるものがほかになかったからである。

床屋外科のジョン・ジェラード（1545～1611頃）と占星術師で医師のニコラス・カルペパー（1616～54）による、17世紀に非常に人気のあった2冊の本草書は、ディオスコリデスと民間伝承、そして時代を超えて口頭で伝えられた治療法を組み合わせたものである。今日でもまだ読まれている彼らの本は、エリザベス1世の時代の庭で育っていた植物の貴重な記録である。そしていくつもの種類のユリの「効能」について多くを語っている。1597年に初版が出版され1633年に改訂されたジェラードの『本草書』には、蜂蜜か油と混ぜたマドンナリリーの球根は切り傷を治すことができ、頭の脱毛部分に髪を生えさせることもできると書かれている。それは「粘りのあるべとべとした汁を多く含み」、「それを蜂蜜とともにつぶしたもので、開いた傷口をふさぐことができる……油かグリースと混ぜれば、やけどしたところに再び髪を生やすことができる」という。デイリリーの根を「火や熱湯でやけどしたところに置くとよく効く」かもしれないと彼は主張している。

16世紀の植物学者オットー・ブルンフェルスによれば、古代の著述家たちはスズランの薬効については「まったく何も述べていない」[6]が、ジェラードはこの小さな花について広く伝えられることになる主張をしている。

> スズランの花をワインで蒸留し、スプーン1杯の量を飲めば、麻痺で口がきけない人や卒中になった人がまた話せるようになり、痛風に効き、心臓を楽にする。この液……は衰え減退し

た記憶力を強化し、点眼すれば眼の炎症にも効く。

アリス・M・コーツによれば、スズラン液は「とても高価だった」ので、「金や銀の容器に入れられて」いた。[7] この植物は食べれば有毒だが、おそらくスプーン1杯だけなら死ぬようなことはなかったのだろう。しかし、ジェラードの実際の処方は病気と同じくらい害があるような気がする。

メイリリーの花をグラスに入れ、アリ塚の中に置き、1ヶ月の間密閉したのち取り出すと、外用すると痛風の痛みや苦しみを鎮める液ができている。よく効くのでお勧めする。

1653年に出版されたカルペパーの『薬草大全』にもジェラードの主張と同じことが書かれ、そのほか多くの痛みを伴う症状についてもリリーを用いた治療法が提示されている。スズランは「てんかん、めまい、あらゆる種類の痙攣(けいれん)など、頭と神経の不調にも有効」だと彼は述べている。マドンナリリーの花と根から作った湿布やつぶしてワインとともに煮たものが、ヨブが苦しんだようなさまざまな痛みに推奨されている。

それらは……硬い腫瘍や腫れをとかし熟させるのによく……毒に対するよい解毒剤で……ひどい発熱によく効く……その液を大麦の粗挽き粉に混ぜて焼いて食べれば浮腫に効く……そして根とブタの脂から作った軟膏は……潰瘍……痛い部分を取り除き……陰部の腫れに効く。

フランスの香水の広告、Au Fil de L' Eau（水の流れに乗って、つまり今の流行という意味）、1926年。香り高くロマンティックなこの香水の特質をスイレンがそれとなく示している。

ニオイスイレン（*Nymphaea odorata*）も、内科的なものであろうが精神的あるいは性的なものであろうがどんなことにも十分対応できると、カルペパーは書いている。

> この花のシロップは、休養を取らせ、取り乱した人の頭を落ち着かせる……その種子も根も、傷口でも腹でも血液や体液の流れを止める効果がある。また、根をワインと水で煮て煎じ汁を飲めば、熱い尿をさますこともできる。

驚いたことに、その甘い花蜜で昆虫を誘って罠にかけるこの香り高いスイレンが、性的衝動をコントロールするのにも使われた。カルペパーは、「その根は、男性または女性のあらゆる流れを抑制するのにより効果があり……人が眠っているときに種が消えるのを抑える」と述べている。粉にした根を蜂蜜と混ぜたものは「エレクチュエール・ド・シャステテ（禁欲の舐め薬）」と呼ばれ、この薬はスウェーデンの修道院で用いられた。[8]

今日では奇妙に聞こえるかもしれないが、ジェラードとカルペパーの医薬に関する主張が、現代のホメオパシー療法やハーブ療法でいまだに人気がある。１９９７年に出版された『ハーブの知恵の本——植物を医薬として使う *The Book of Herbal Wisdom: Using Plants as Medicine*』は、いくつかの古いハーブ療法に従い、独自の驚くべき主張をしている。著者のマシュー・ウッドは「アメリカン・ハーバリスト・ガイドに登録されたハーバリスト」で、呼吸器感染症のひと昔前の治療法であるイ

香水を作るためにユリの花弁をアルコール漬けにしている、フランス、1920年。

ースターリリーのチンキを使ってあるストリッパーの女性の慢性気管支炎を治療したときのことを詳しく書いている。もうひとりの患者は、卵巣嚢胞を患い子どもをもつことはできないと告げられた女性だった。ユリのチンキを服用して3ヶ月たたないうちに嚢胞は消え、フローラのユリに触れたユノのように妊娠したと、ウッドは報告している。嚢胞の消滅は奇跡のように思えるかもしれないが、少なくとも別の種類のユリも伝統的薬理学で嚢胞の治療薬として使われてきた。地中海地方と北アフリカで見られるユリ科の植物であるカイソウ（*Urginea maritima*）は、痰を切る性質があり、今日でもいくつかの咳止め薬に使われている。利尿薬としても、心臓の症状の治療にも使われてきた。[9]

病気の治療だけでなく、スイレンの根は「ワインと水で煮て」肌の手入れに使われた。カルペパーは、それは「顔や体のほかの部分のそばかす、しみ、日焼けも消す」と書いている。ディオスコリデスが勧めるのは、マドンナリリーの球根をつぶして蜂蜜と混ぜて作ったフェイスパックだ。[10] イングランドのジェームズ1世の薬剤師で、のちにチャールズ1世の主席植物学者になったジョン・パーキンソン（1567～1650）は、ユリの花弁を使った洗浄剤について、「花の液を蒸留し……さまざまな外見の女性たちの顔の、肌を洗いそれを白く生き生きさせる……のに使われる」と述べている。別のユリ科の植物（*Chlorogalum*）は、アメリカ先住民やカリフォルニアの初期の入植者が石けんとして使った。カリフォルニア州南部の乾燥した岩だらけの海岸に生育する「ソープリリー」のいくつもの種が、水に入れると泡立つ性質のあるサポニンを含んでいる。アメリカ先住民はその葉と茎を、入れ墨の緑色の染料としても使った。[11]

中国人によれば、ユリは「気」、つまり生命エネルギーによい効果があるという。今日の栄養ドリンク市場とホリスティック医学のことを考えると、この主張には現代的な響きがある。しかし、西暦659年に出版された中国史上初の勅撰本草書に書かれていることなのだ。[12] 今日でもまだ続けられている古代インドのアーユルヴェーダの療法では、スターウォーターリリー（*Nymphaea stellata*）の根から作られる複合剤が、肝臓の不調、下痢、尿路や腎臓の問題、皮膚病など、さまざまな病気の治療に使われる。また、葉と種子が胃のむかつきの治療に使われる。

化粧目的でのユリの使用も古代からあり、エリザベス・アン・ジョーンズは著書『癒しの香りに目覚めて――エッセンシャルオイル療法の力 *Awaken to Healing Fragrances: The Power of Essential Oil Therapy*』（1999年）で、こうしたさまざまな利用法の歴史をたどっている。「紀元前80年には、平均的なエジプト市民も香りに通じていて、市場で100種類ものオイルを手に入れることができた」という。ユリのオイルも好まれたもののひとつだ。エリザベス1世時代の家庭では、エリザベス女王の城からごく小さな地主の邸宅まで、薬や香水を作るために植物のオイルを蒸留する「スティルルーム」があった。ジョーンズによると、この時代の園芸書には、体、服、寝具、家をよい香りにするための、「よい香りのするマドンナリリー水」やそのほか多くの花やハーブの蒸留液の作り方が満載されている。

「マドンナリリー」は現代のオーデコロンや化粧品にふさわしい名前で、今日のナチュラルな製品を使う女性たちにアピールするかもしれない。いくつもの歴史的資料に、肌の保湿液として「白ユリのローション」が書かれている。しかし、純粋に化粧品として使用されるだけでなく、ユリの強い香りは何千年も前から使われ、幸福感をもたらしてきた。マリーナ・ハイルマイヤーが『花言葉 *The Language of Flowers*』に書いているように、古代エジプト人はそれは神の力の源だと信じていた。「彼らのフレスコ画には、しばしば青いスイレンのよい香りを楽しんでいる人物が描かれている。香りを吸い込むことにより、神の力を吸い込んでいると彼らは信じていた」[13]のである。

それは神の力の源ではないかもしれないが、芳香はアロマテラピーのプラスの効果のもとだと、ジョーンズは説明している。彼女は、今日のヒーリングガーデンにおける環境要素としての花の使用にも言及している。病院、介護施設、薬物乱用治療施設、ホスピス、そのほかの療養施設に、現代医学を補完するものとして、大きなスイレン池、噴水、そのほか自然に心を落ち着かせるものを備えた庭が造られている。スイレン池や香りのよい花の利用というと、古代イスラム庭園の瞑想的な効果や、モネのスイレンの絵の思索にふけり没入できる美を思い出す。調査により、こうしたヒーリングガーデンで時間を過ごす患者や、それに面した部屋にいる患者は、ストレスの低減や、慢性痛あるいはうつ状態からの解放という点で好ましい結果が得られることがわかっている。[14]科学者たちは原因を特定していないが、静かで心地よい環境、流れる水のおだやかな音、よい香りの花といったものはすべて、体と心に対して癒しの効果があるようだ。

第11章　ユリを食べる

「個人的には、ユリを貪り食うくらいなら人肉を食べたほうがましだ」

イギリスの園芸史家アリス・M・コーツは、ユリを食べる中国の習慣に言及してそういった。19世紀に世間をあっといわせた「ユリの女王」ヤマユリ（*Lilium auratum*）を紹介した植物商ジョン・ヴィーチは、日本人は球根を煮て「我々がジャガイモを食べるのと同じくらいたくさん」食べ、それには「クリに似た好ましい風味がある」と報告した。コーツだけではない。別の人はこの習慣についてさらに強い嫌悪を表明している。「我々にとって、ユリの球根を食べるのは、ナイチンゲールの舌を食べるのや、真珠を酢に溶かして羊の脚肉にかけるソースを作るのと同じくらい馬鹿げた行為に思える」[1]というのだ。

しかし、歴史を通じて人々は、そして一部のガーデナーさえ、ユリを食べるのは無駄でも無分別なことでもないと思ってきた。「ユリが主食になるのをジャガイモが邪魔したのはなんと残念なことか」と、マイケル・ジェファーソン＝ブラウンは『ユリ――ガーデナーのための手引き *Lilies: A Gardener's Guide*』（１９９５年）に書いている。

ユリを食べることを嫌悪するなど、栄養が十分足りているからできることだ。球根、塊根、根茎は炭水化物を豊富に含み、何千年も前から、世界中の人々がとくに飢饉のときに探し回ってきた。アメリカ先住民やアフリカ人、インド人はスイレンの若い葉と芽を野菜として食べ、乾燥した根や種子から粉を作った。カマスリリー（*Camassia quamash*）の球根も多くのアメリカ先住民の主食になっていたが、メリウェザー・ルイスとウィリアム・クラークが1804〜06年の西へ向かう探検で彼らに出会うまで、入植者には知られていなかった。ユリ属の植物と違い、カマスリリーには青いものもある。何千も平原に広がるのを遠くから見たルイスとクラークは、湖を見ているのだと思った。彼らは、アメリカ先住民がするように球根を掘って焼くことを覚えた。するとサツマイモのような味がするのだった。そして、「死のカマス」で探検隊のメンバーが重い病気になってからは、同じように見えるスターリリー（*Zigadenus fremontii*）との区別もできるようになった。白人の入植者が西へ移動してプレイリーで家畜を飼育しだすと、カマスリリーの野原が破壊され、先住民との間で緊張が高まった。今日では、アイダホ州で毎年夏に催されるカマスリリーの日を、先住民も白人のアメリカ人も同じように祝う。[2]

ユリの球根は、中国、韓国、日本で1000年以上前から栽培されてきた。今日の選り好みするガーデナーと異なり、中国人はその美しい姿を目的にユリ属の植物を何種も育て、そして喜んで食べた。10世紀の中国で書かれた農業書『四季の必須作業の概要 *Compendium of Essential Tasks for the Four Seasons*』には、食用のユリへの施肥に関する助言が書かれている。ユリは百合（バイホォ）と呼ばれ、小さな鱗片がたくさん合わさったニンニクのような球根ができるのでこう書かれ、ミミズが絡み合って

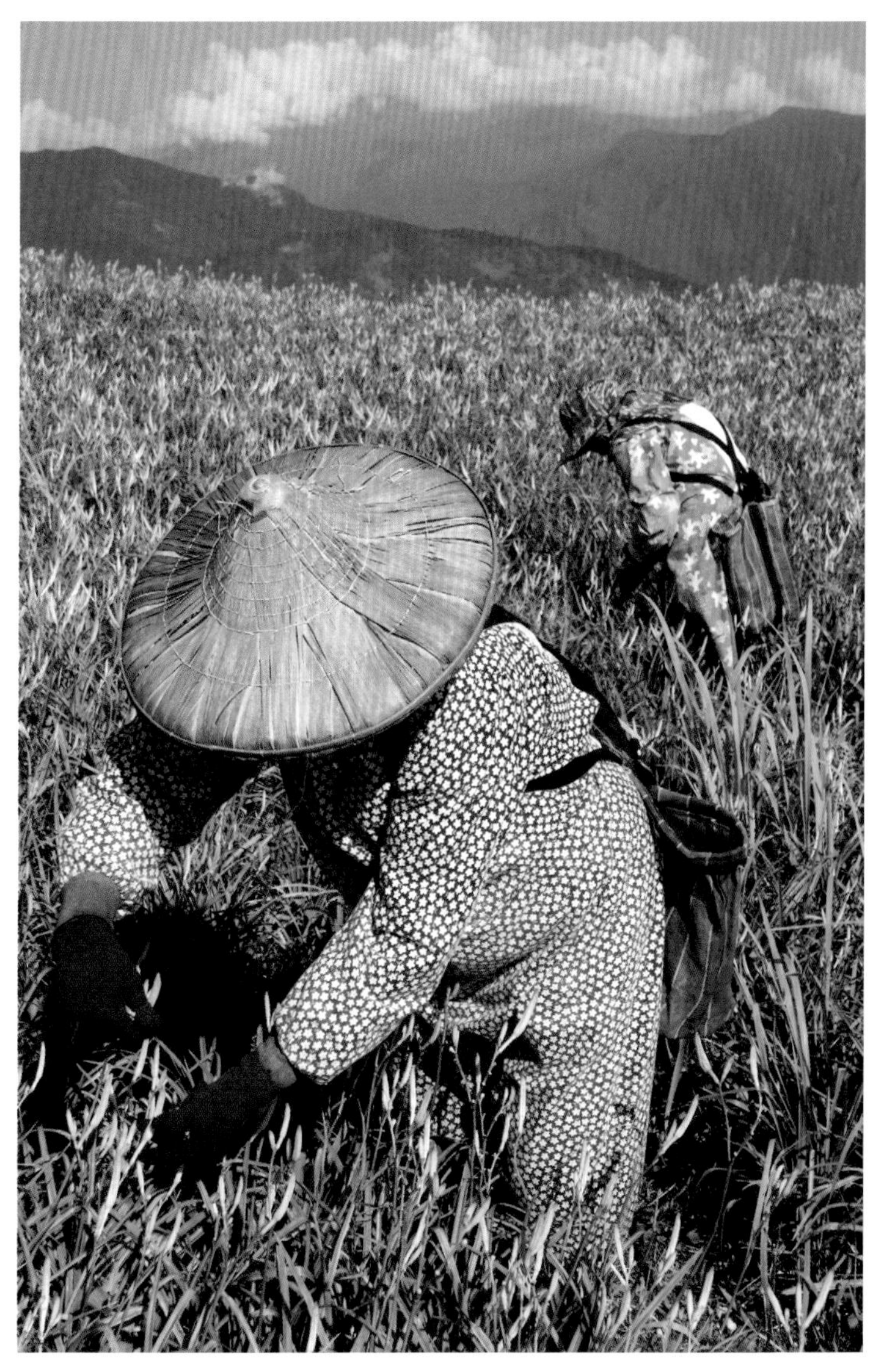

中国の農場でデイリリーの蕾を集めている。

植物に変わるのだと考えられた。そんな迷信があっても、人々がユリを食べたりその美しさを楽しむ妨げにはならなかった。6世紀に梁を支配した宣帝が、百合を称賛する次のような詩を詠んでいる。

葉は層を重ね
花開けば汚れなし
露を受けるかと思えば下へ傾き
風のそよぎとともに揺れ動く[3]

12～13世紀にチンギス・ハーンが支配するモンゴルからの侵入者が中国の耕地を馬と家畜の群れのための草原に変えると、中国人はまた荒野でユリの球根を採集するようになったが、明朝支配下の14世紀には栽培を再開し、そして終わることはなかった。[4]今日では、デイリリーとオニユリの蕾と球根は、中華料理の重要な材料である。

ジャック・グッディの説明によれば、ルネサンス期にはユリの甘い香りが重要で、それは砂糖が高価な輸入品だったからである。「18世紀後半まで砂糖は大衆の文化に入り込んでいなかった。このためミツバチがどこで蜜を吸うかは誰にとっても重要なことだった」[5]。エリザベス1世時代の料理人は、プディングやケーキを香りのよい花びらで甘くした。その風味は微妙で、砂糖をどっさり使った私たちのお菓子は喜ばれないかもしれない。何千もの植物を記載した総合的な園芸書『日の

「金針菜」と呼ばれるデイリリーの蕾を中国の大規模な農場で天日で乾燥させている。乾燥させた蕾は中華料理や漢方で広く使われる。

ある楽園、地上の楽園』(1629年)の中でジョン・パーキンソンは、特別に甘いトルコのユリをたたえている。今日クラウンインペリアルとも呼ばれるヨウラクユリ(*Fritillaria imperialis*)は、パーキンソンにとってはその美しさと甘い蜜の両方が理由で「もっとも素晴らしいユリ」であり、「茎のすぐそば、葉の外側に房になってついた花の底の部分に……そしてその中に膨らんだ部分に真珠のような透明な水滴があって、ほとんど砂糖のような甘い味がする」と述べている。

フランスの美食家ジャン・アンテルム・ブリヤ＝サヴァラン(1755～1826)はデイリリーの甘い香りと味を楽しみ、濃縮して芳香錠や飴の形で保存した。彼の記念碑的作品『味覚の生理学』(1825年)に、長い道のりを歩いて郊外の街サンジェルマンの薬局へ「珍しい結晶体」を買いに行ったときのことを、「私はまずひとつ味見して、この小さな結晶体はとても好ましいと思わざるをえなかった。しかしそれでますます、その箱の見かけとは違って数がとても少ないことをいまいましく思った[6]」と書いている。

ユリ、とくにデイリリーは、さまざまな料理で使うことができる。デイリリーの塊根は、炒め物にクワイに似たシャキシャキした食感を与える。オニユリやデイリリーの蕾を乾燥させたものは金針菜と呼ばれ、中華料理の伝統的なごちそうである。スープにするかニンニクと豚肉と一緒に炒めるととてもおいしい。リリー・ラングトリーに敬意を表した「ジャージーリリー」やケンタッキーオークスの競馬にちなんで名づけられた「オークスリリー」というカクテルまであるが、どちらの飲み物も実際にはユリを使っていない。生のデイリリーの花をサラダに加えたり、砂糖で甘くしてデザートにしたり、ズッキーニの花のように具材を詰めて揚げてもよい。ニューヨーク州北部のセ

オレンジデイリリー（*Hemerocallis fulva*）。花も蕾も食べられる。

ーレムにある農場スレートヒル・デイリリーズのオーナーであるクレイグとメアリー・バーンズ夫妻は、生で食べるのが好きだという。

ときには畑を歩きながら、花びらをそのまま口に放り込む。ボストンレタスのような味だが、もう少し甘くて、ライラックに似ている。新しい根のできたばかりの白いこぶはラディッシュのような味がするが、それほど辛味はなく、サラダや炒め物に入れてもよい。この植物は全部食べることができる。[7]

おいしいだけでなく、植物学者のピーター・ゲイルによれば、デイリリーには栄養もあり、「デイリリーの蕾と花は、ホウレンソウとほとんど同じくらい多くのタンパク質、さや豆より多くのビタミンA、オレンジジュースと同じくらいの量のビタミンCを含んでいる」。[8]デイリリーを調理する場合、多少の予備知識をもっておく必要がある。もっとも重要なのは、無害に見えるがスズランを使わないことだ。ジェラードとカルペパーの調合薬に使われているが、この花はどの部分も食べれば有毒である。もうひとつ避けるべきなのが、華やかで美しいが毒性の強いグロリオーサリリーで、これはフレイムリリーやクライミンググリリーとも呼ばれる。デイリリーがもっとも安全だが、道端からでなく、自動車の排ガスや殺虫剤で汚染されていない自分の庭の花を摘むこと。どんな花にもいえることだが、摘むのに一番よいのは太陽で花がしおれる前の早朝だ。雄しべを引き抜いて捨て（花粉がアレルギー反応を引き起こすことがある）、さっと洗って隠れて

ユリの花の形をした「ジッリ」パスタ。

いる虫を除き、やさしく振って乾かす。ペーパータオルでゆるく包み、ビニール袋に入れて料理に使うまで冷蔵庫で保存する。あとで使うときは、蕾と花をさっと熱湯にくぐらせてから水を切り、冷まして冷凍しておく。若いデイリリーの葉は、単独またはほかの軟らかい青野菜と一緒に油かバターでソテーにしてもよい。

根がふくらんだ若い塊根も食べられるが、塊根につながっている根や塊根から出ている細い根を食べないよう注意すること。この糸のような根は食べられない。それどころか大量に食べると有毒なこともある。ネコを飼っている人はすべてのユリを警戒すべきで、こうした小動物には非常に有毒だといわれている。この植物のどこかを生で食べる前にもうひとつ注意することがある。最初はほんの少しにしておくこと。人によっては緩下剤の働きをする。糖分や澱粉が豊富な春に若い塊根を収穫すると、一番歯ごたえがよい。韓国の一部では、西洋のアスパラガスと同じくらい人気のある春野菜だ。食欲をそそるレシピ集を出しているピーター・ゲイルは、料理をするガーデナーに、普通のデイリリーから塊根を収穫しなさいという助言もしている。

野生種のデイリリーはよく繁殖するので、適度に広い土地からときどき余計な塊根を取れば間引きになってちょうどいい。ただし、翌年にまた収穫できるように十分な量の塊根を残しておくこと！　高価な交雑種にこれをしてはいけない。そうしたものはあまり繁殖しないのでなくなってしまい、結局とんでもなく高価な夕食になってしまう。[9]

自分の庭から取ってきた生の蕾を料理に使ってもよいし、乾燥機で乾燥させてもよい。翌日咲きそうなくらい十分に成長した蕾を選ぶこと。そうしたものがもっとも風味がよく、サヤインゲンかアスパラガスのような味がする。デイリリーは新しい蕾を出し続けるので、野生種でも交雑種でもどの園芸品種から収穫しても株に影響を及ぼさないが、比較的口当たりのよい黄色の種類にすること。赤い蕾は苦いことで知られている。アジアの市場では乾燥させた蕾を買うことができる。買うときには薄い金色の蕾を探す。色が薄いほどよい。乾燥した蕾は、料理する前にさっと洗って30～60分水に浸ける。水気を切って硬い茎の端を切り落とし、野菜として豚肉や鶏肉の料理で使うか、ほかの野菜と一緒に炒め物やスープにする。素朴な風味があり、アジアの酸辣湯（スーラータン）（酸味豊かな辛みのあるスープ）や木須肉（ムーシューロウ）（キクラゲと豚肉の卵炒め）の伝統的な材料である。蕾が長ければ、半分に切るか一口大になるように結んで、調理中に傷つかないようにする。ユリ料理にはまったら、ナプキンをユリの形にたたむ方法を覚えるのもいい。

終章　シュシャンの旅

　私は人生の大部分をガーデナーと作家として過ごしてきたが、本書のための調査を始めたときほど、このふたつが一体となったことはない。長年の間、ブルックリンのテラスハウスでほとんどが野菜畑の小さな庭を世話したあとで、ニューヨーク州北部の農家へ引っ越したとき、私は田舎のフラワーガーデンがこんなに楽しいところだとは予想していなかった。そこで多年草の庭を引き継いだのだが、庭には多くの花壇と、ほとんどが私の知らない何種類ものユリがあった。この小さな村のシュシャンという名前も初めてで、本書のための調査をしだしてようやく、この名前がユリを意味するヘブライ語だという驚くべき偶然を発見した。シュシャンは、ヘブライ語の聖書のいくつもの書（エステル記、ダニエル書、ネヘミヤ記）に古代ペルシアの地名としても登場する［Shushanは旧約聖書に「首都スサ」として登場する］。おそらく「雅歌」のユリが生えていたところだろう。そのことは私の住むシュシャンの村とはとくに関係なく、村は旧約聖書の青々とした土地より岩だらけのニューイングランドに似ている。村の名前は、聞くところによると、20世紀初めに地元の郵便局員が成り行きでつけたのだそうだ。彼はユリのことなど考えていなかった。ただ、間違って送られてくる郵便物を転送するのに飽き飽きしていたのだ。この村はもともとはイーストセーレムと呼ばれていたが、この地方にはほかにもいくつかのセーレムがあって、本当はそっちに宛てて出されたものが来ていたのである。そこで彼は聖書を開き、ほかのどんな地名とも似ていない名前を選んだ。ヴィレッジセンターには、ここがアメリカでただひとつのシュシャンであると宣言する小さな銘板がある。ユリに関する本を書いている私がここでそれを見つけるとは、なんとも不思議なことだ。

時がたつにつれ、私は庭にある花が全部わかるようになったが、ユリは特別難しい課題を出してきた。ユリがどこに芽を出すか私にはさっぱりわからず、別の植物を植えようと掘っていて、埋まっている球根を移植ごてで真っ二つにしてしまうことが何度もあった。それに、たいてい私より前にシマリスがやってきて、太った球根をかじってしまった。代わりに植えるため、メイン州のメイプルクレスト・リリーズにいる親愛なる友人が、誕生日プレゼントとして貴重な交雑種を何十個も送ってくれた。秋にその球根を植える前に、硬い網で指を刺しながら1個ずつ念入りに金網で包んだ。ところが春になって、地面から突き出した柔らかい緑の芽を飢えたシマリスの群れがかじってしまったのを見たときは、がっかりしたものだ。なんとか育って十分な高さになったものも、開花する直前に、夜行性のシカや軽業師のように身軽なシマリスに蕾をちぎり取られてしまった。そんなことがあって、ユリの利用について調べたときには、球根が何世紀も前から多くの文化で好まれる食料だったことがよく理解できた。シマリスやシカがこのことをはっきりと実感させてくれたのだ。

防虫スプレー、トウガラシ、金網の覆いで武装して、いくつか生き残ったものになんとか花を咲かせた。毎年私は、思いがけなく咲いた花に見とれてその場に立ちすくみ、堂々とした美しさに畏怖の念を抱く。私が感動するのは、野生生物を負かすことではない。彼らの起源について読み、何世紀も前の植物画を見たあとでは、私はもう、自分の庭で成長しているのは世界の歴史なのだということを知っている。シカが大好きな背の高いタークスキャップは、16世紀に商人がそれに似た球根をオスマン帝国からウィーンへ運んだことの証拠だ。祖先が200年以上前に中国からキューガーデンへの最初の旅をしたオニユリは、ずっとあとの世代である小さな黒いむかごをうちの岩混じりの土に植え続けている。

古いカエデの木の根をおおうように厚いカーペットを作っているスズランは、夫と私がニューヨークのメトロポリタン美術館の別館クロイスターズ美術館で見て驚嘆した6世紀前に織られた一角獣のタペストリーの、緑の草の間にちりばめられているスズランにそっくりだ。アメリカ原産だと思っていたオレンジデイリリーでさえ、16世紀に中国からイギリスへもたらされた。私は小さな白いユリを正しい名前 *Lilium speciosum* で呼ぶことも覚えたし、第二次世界大戦中にこの日本原産のカノコユリの変種に関して園芸家の英雄的行為があったことを、ワシントン州で野生のユリの栽培に力を注いでいるB&Dリリーズで教えてもらって驚いた。この植物は、観賞植物の農場をやめて軍のために芋を植えるようにという大日本帝国政府からの命令を無視した日本人によって守られたのである。彼が球根を隠したおかげで、今ではカノコユリ（*L. speciosum rubrum* 'Uchida'）が世界中

著者の庭のオニユリ。花弁が反り返った下向きの花はタークスキャップとも呼ばれる。今日の庭に定着しているオニユリは、16世紀に初めてオスマン帝国から西洋へもたらされた。

の庭を飾っている「戦後、保存されていたものから選抜、品種登録された園芸品種「うちだかのこ」は、欧米でカノコユリの代名詞ともいえる品種になった」。来年の春に花を咲かせたら、私はウチダ・ヒロタカの勇気のこと——美の破壊を断固として拒否したこと——を考えるだろう。次の夏に私のたったひとつのスイレンがまたピンクの花を咲かせたら、クロード・モネのことを考えるだろう。彼は私のちっぽけな池を見たら笑うだろうが。そして、たった1枚の葉でも私の池をおおってしまうアマゾンのオオオニバスの葉脈から水晶宮の構想を得たジョゼフ・パクストンのことも考えるだろう。

私は、シュクサン山から遠くないワシントン州ベリンハムの研究所で１９２４年に生まれたシュクサンというユリの交雑種のことも知った。ブライアン・マシューはユリに関する著書の中で、シュクサンを「目立つ暗赤色の斑点のある大きな橙黄色の花をつける、壮麗で生育旺盛なユリ」と称賛している。[1] 作り出したデイヴィッド・グリフィスは、その名がユリを意味するヘブライ語でもあることを知っていたかもしれないが、ニューヨーク州シュシャンのことを聞いたことがあっただろうか。いずれにしても、ニューヨーク州の冬の真っただ中、ユリに関するこの考察を書く私は、来年、シマリスとシカから十分に守られた庭に植えるユリのリストに壮麗なシュクサンを加えること、とメモしておこう。シュシャンでの執筆とガーデニングは発見と創造の旅だった。本書が、どこで庭いじりをしていようと読者の皆さんにとってもそうなるよう望んでいる。

謝辞

個人的にも職業的にも、美術史家デブラ・マンコフのおかげで本書を書くことができた。私に本書の執筆を勧め、正しい方向に向かってスタートを切れるよう支援と提案をしていただいた。彼女の広範囲に及ぶ著作は、庭と芸術に関する貴重な情報源となった。メイン州イーストパーソンズフィールドのメイプルクレスト・リリーズにいる生涯の友、メマリリー・クリストフォロからユリに関して熱心な支援と助言をいただいたことも幸運だった。チャーリリー・クロエルには、ユリ属の植物の美しさと驚くほどの多様性に目を開かせてもらい、親切にも彼の時間と、熱心なユリ収集家で育種家としての個人的経験と広い知識を提供していただいた。彼の写真と、ジョー・ネマー、リマー・ド・フリース、ステファニーとディビッド・スミスなど彼の北米ユリ協会の仲間が提供してくれた写真で、普通なら野生状態か注意深く栽培された園芸家の庭でしか見られないユリの珍しい姿を見ることができた。それらをすべて掲載するスペースがあったらよかったのにと思う。デイリリー・レイおよびアメリカ・ヘメロカリス協会に所属する、デイリリーの栽培家で交配もしているマイケル・バウマンにも、同じように親切に彼の知識と美しい写真を提供していただいた。アメリカ園芸協会の会員であるクレイグとメアリー・バーンズには、ニューヨーク州セーレムにある夫妻の美しいスレートヒル農場のデイリリーの栽培と育種、さらには食べ方について生の情報をいただいた。これらのユリの専門家すべてに感謝している。ただし、ユリに関して不正確な点があればすべて私の責任である。ユリに関する詩の調査では、ニューヨーク市ポエッツ・ハウスの事務局長リー・ブリチェッティと有能な実習生キンバリー・グラボウスキから受けた親切なサービスほど助かったものはない。才能ある写真家ラリー・ラチオッポからは、ブルックリン区ウィリアムズバーグで開催されたユリ祭りの素晴らしい写真を惜しげもなく提供していただいた。実験的メディア・アーティストのジェフリー・モーザーは、私の素人写真を掲載に適した体裁にうまく手直ししてくれた。友人や近所の方々にもお礼を申し上げたい。バーバラ・ヴィレットには咳薬でのカイソウの使用について情報をいただき、アニタ・ウィッテンにはブリヤ＝サヴァランのデイリリーの芳香錠について面白い話を教えていただいた。そして、とりわけ夫のチャーリーに感謝する。ガーデナーではないのに、私がユリについて書いたことを洞察力をもって熱心に一字一句読み、私の頭の中にあることを一冊の本にするのを手伝ってくれた。

訳者あとがき

本書『ユリの文化誌』（原題『*Lily*』）は、イギリスの出版社Reaktion Booksから刊行されている Botanical シリーズの一冊です。さまざまな花や樹木を取り上げて、人間とのかかわりを歴史、文化、暮らしなどの側面から考えるシリーズで、原書房から「花と木の図書館」として邦訳版が順次刊行されています。

著者のマーシャ・ライスはニューヨーク市の歴史と建築に関する本を多数出版している文筆家で、ニューヨーク市街に住んでいましたが、今は田舎へ引っ越して庭づくりに励んでいます。もちろんユリも育てています。同じ著者による『リンゴの文化誌』も２０２１年12月邦訳刊行予定です。

ユリといえば、清楚な白ユリを思い浮かべる人もいれば、華やかなカサブランカやオニユリを思い浮かべる人もいるでしょう。私は、山道で見かけたササユリや、高速道路沿いの斜面に群生していた白いユリ（タカサゴユリかシンテッポウユリだそうです）といった「野のユリ」を思い出します。室内に目を向ければ、豪華なスタンド花やアレンジメントに使われてさまざまな場面で飾られていますし、ちょっとさがせばユリのモチーフを使った服飾品や調度品が見つかる、とても身近な花です。ゆり根を入れた茶碗蒸しもいいですね。

日本には15種類のユリが自生していて、どれも非常に美しく、「ユリの宝庫」といわれてきたそうです。本書にも書かれているように、江戸時代にシーボルトが紹介して以来、日本のユリは欧米でも大変人気があり、種間交雑法による育種が行われるようになると、交配親として使われて膨大な数の園芸品種を生み出しました。

本書では、聖書や神話に出てくるユリから始めて、おもにヨーロッパにおけるユリの歴史をたどります。古代ローマ時代に祭事などに使われたのは、この地域に自生していたマドンナリリーという白いユリです。日本のユリが登場して欧米の園芸界に大きな影響を与えるのはかなりあとのことで、その前にオスマン帝国の拡大によって東方のユリが流入する時期があります。そんなユリ自体の変遷を見ていく一方で、人々はユリに対してどんなイメージを抱いていたのか、宗教や芸術においてこの花がどんな役割を果たしたのか、さまざまな文学作品や美術作品を見ながら考えていきます。食料や薬としての利用にも触れ、本書を読めば、ありふれた植物だと思っていたユリがいかに多様で、人類にとっていかに重要な存在だったかがわかるでしょう。

ところで、本書（日本語版）を読むにあたって注意していただきたいことがあります。本書で取り上げている植物が、私たちが思うユリ、つまりユリ科ユリ属の植物だけではないということです。本書の原題は『*Lily*』で、英語でトゥルーリリーと呼ばれるユリ属の植物が中心ではありますが、こうしたユリ以外の、英語名にリリーという名がついている植物も対象に含まれています。ヘメロカリス（デイリリー）はまだしも、スズラン（リリー・オブ・ザ・バレー）、スイレン（ウォーターリリー）、カラー（カラーリリー）のように日本人から見ればユリとはかけ離れた植物もあります。誤解を招かないように注意したつもりですが、リリーはかならずしもユリではないということを、頭の片隅に入れておいていただければと思います。
最後になりましたが、翻訳にあたり原書房の中村剛さんと相原結城さんには大変お世話になりました。この場を借りてお礼申し上げます。

2021年9月

上原ゆうこ

ロングウッド庭園／ペンシルベニア州ケネットスクエア

あらゆる種類の植物が植えられた400ヘクタール以上ある公共の植物園、毎年リリートピアを開催。

www.longwoodgardens.org

メイプルクレスト・リリーズ／メイン州イーストパーソンズフィールド

ユリの交雑種の球根と切り花の通信販売。

www.maplecrestlilies.com

北米ユリ協会

ユリに関する出版、種子の交換、情報提供。

www.lilies.org

イギリス王立園芸協会ユリグループ

ユリに関する出版、種子、情報提供。

www.rhslilygroup.org

キューガーデン、シャーリー・シャーウッド・ギャラリー／イギリス、ロンドン

有名なキューガーデン内にあるボタニカルアートに特化した唯一のギャラリー。ユリも含め、あらゆる種類の歴史的作品と現代の作品を展示。

www.kew.org

団体およびウェブサイト

アメリカ・ヘメロカリス協会

季刊誌の発行およびデイリリーに関する追加情報の提供。

www.daylilies.org

Ｂ＆Ｄリリーズ／ワシントン州ポートタウンゼンド

ユリの球根の通信販売、交雑種および原種ユリもあり。

www.bdlilies.com

ブルックリン植物園／ニューヨーク市ブルックリン

広い公共の庭園と温室、美しいスイレン池もあり。

www.bbg.org

デイリリー・レイ／ミズーリ州セントピーターズ

デイリリーと種子の通信販売。

www.daylilylay.com

キューケンホフ公園／オランダ、リッセ

球根植物の野外庭園、大規模なユリ展示と毎年のリリーパレードもあり。

www.keukenhof.nl

ザ・リリー・ガーデン／ワシントン州バンクーバー

ユリの球根、遺伝学者ジュディス・フリーマンが作出した珍しい交雑種もあり。

www.thelilygarden.com

ザ・リリー・ヌーク／カナダ、マニトバ州ニーパワ

交雑種および原種ユリの球根の通信販売。

www.lilynook.mb.ca

Viollet, courtesy Rex Features: p. 212 (top); Musée Malraux, Le Havre: p. 206; National Gallery, London: p. 118; photo Joe Nemmer: p. 25; © Georgia O'Keeffe Museum/dacs, 2012: p. 181; Museum of Fine Arts, Boston: p. 183; private collection: p. 185; photos Rex Features 87, 209; Rijksmuseum, Amsterdam: p. 147; photos © Roger-Viollet, courtesy Rex Features pp. 67, 109, 136, 145, 152, 161, 207, 203, 231; photo Edwin Rosskam: p. 55; Santa Maria della Rotonda (The Pantheon), Rome: p. 13; photo Solent News/Rex Features: pp. 92-93; The Terra Foundation for American Art: p. 165 (top); Sheila Terry/ Robert Harding/Rex Features: p. 74; from Robert Thompson, The Gardener's Assistant: Practical and Scientific. A Guide to the Formation and Management of The Kitchen, Fruit and Flower Garden, and the Cultivation of Conservatory, Greenhouse, and Stove Plants, with a Copious Calendar of Gardening Operations (London, 1859): p. 103; from Christoph Jakob Trew, Plantae Selectae quorum imagines ad exemplaria naturalia Londini in hortis curiosorum nutrita… (Nuremberg, 1750-77): p. 101; Victoria & Albert Museum, London (photos courtesy V&A Images): pp. 15, 28, 163, 210, 220; photo courtesy V&A Images: p. 9; Walker Art Gallery, Liverpool: p. 132; Werner Forman Archive/Iraq Museum, Baghdad: p. 45; Werner Forman Archive/Musée du Louvre, Paris: p. 226; Werner Forman Archive/private collection: p. 159 (right); Werner Forman Archive/N. J. Saunders: p. 42; Werner Forman Archive/State University Library, Leiden Oriental Collection: p. 96

写真ならびに図版への謝辞

著者と出版社より、図版の提供と掲載を許可していただいた関係者に謝意を表したい。一部の図版については所蔵場所も示す。

Photo Laure Albin-Guillot/Roger-Viollet, courtesy Rex Features: p. 154; photo © Anti-Martina/2012 iStock International Inc.: p. 197; Ashmolean Museum, Oxford: p. 39; photos author: pp. 34, 53, 55, 251; © 2013 Banco de México Diego Rivera Frida Kahlo Museums Trust, Mexico, d.f./dacs: p. 185; Basilica di San Domenico, Siena: p. 152; photo Brendan Beirne/Rex Features: p. 166; photo Nigel R. Barklie/ Rex Features: p. 19; photoBigstock-Photo: p. 239; Birmingham Museums and Art Gallery: p. 133; Bodleian Library, Oxford: pp. 40, 97; photo Michael Bouman: p. 27; photos Jacques Boyer/Roger-Viollet, courtesy Rex Features: pp. 31 (top), 233; photo Maurice-Louis Branger/Roger-Viollet, courtesy Rex Features: p. 31 (foot); British Library, London: p. 143; British Museum, London (photos © The Trustees of the British Museum): pp. 8, 11, 44, 49, 105, 113, 134, 135, 148, 155, 162, 169; photos © The Trustees of the British Museum: 103, 122, 140, 149, 151, 159 (left), 178, 191, 213 (foot); photo Pierre Choumoff/Roger-Viollet, courtesy Rex Features: p. 36 (top); photos elwynn: pp. 239, 241; photos courtesy Everett Collection/Rex Features: pp. 180, 222; photo Michael Friedel/Rex Features: p. 193; photo Anders Good/Rex Features: p. 30; photo Paul Grover/Rex Features: pp. 90–91; photo Krestine Havermann/Daily Mail/Rex Features: p. 199; photo Charles Huralt/Roger-Viollet, courtesy Rex Features: p. 168; photo © 2012 iStock International Inc.: p. 241; photo © Pierre Jahan/Roger-Viollet, courtesy Rex Features: p. 208; photo Charlie Kroell: p. 22; photo Lehtikuva oy/Rex Features: p. 36 (foot); photo © Léon et Lévy/Roger-Viollet, courtesy Rex Features: p. 147; Library of Congress, Washington, dc: pp. 7, 10, 54, 55, 156, 165 (foot); Manchester Art Gallery: p. 129; photo © Henri Manuel/Roger-Viollet, courtesy Rex Features: p. 205; from Mara Sibylla Merian, Histoire des Insectes de l'Europe, Deffinée d'après nature & expliquée par Marie Sibille Merian: Où l'on traite de la Generation & des différentes Metamorphoses des Chenilles, Vers, Papillons, Mouches & autres Insectes; et des Plantes, des Fleurs & des Fruits dont ils se nourrissent… (Amsterdam, 1730): p. 111; photo © miralex/2012 iStock International Inc.: p. 35; photo Jeffrey Moser: p. 138; photo © Musée Carnavalet, Paris/Roger-

「ユリの女王」ヤマユリ（*L. auratum*）をイギリスに紹介し、園芸界にセンセーションを巻き起こす。

1870～1895年頃	白いユリが耽美主義のしるしになり、オスカー・ワイルドのトレードマークになる。
1896年	クロード・モネがジヴェルニーの池のスイレンを描き始め、1926年に亡くなるまでの30年間、作品の中心テーマになる。
1903年	チャイニーズ・ウィルソンが中国の荒野でリーガルリリーを発見し、当時もっとも有名なエキゾチックフラワーの収集家になる。
1920年代	ジョージア・オキーフの性心理的なカーラーリリーの絵がセンセーションを巻き起こす。
1941年	ヤン・デ・グラーフがハイブリッドリリー 'Enchantment' を作出し、園芸学の難題といわれていたユリを非常に人気のある庭の花に変える。
1970年代	胚培養の先駆者ジュディス・フリーマンが、かつては交雑するのは不可能だと考えられていたユリ属の種の間の最初の「試験管」雑種 'Tiger Babies' を作出する。
1978年	レスリー・ウッドリフが、広く成功した最初のオリエンタル・ハイブリッドで非常に人気のある 'Stargazer' を作出する。
2010年	北アメリカ最大のユリの展示会「リリートピア」が、アメリカ最大級の植物園であるペンシルベニア州のロングウッド庭園で開催される。
2011年	オランダのリッセにあるキューケンホフ公園で、世界最大のユリの展示が公開される。

1400～1600年頃	受胎告知を描いた無数のルネッサンス絵画において、マドンナリリーがもっとも重要なシンボルになる。
1554～1562年頃	コンスタンティノープルに駐在する神聖ローマ帝国の大使が、トルコのユリ、チューリップ、そのほかの「エキゾチックな」花の球根を西洋世界に紹介する。 オレンジデイリリーが中国からイギリスへやってくる。
1632～1654年	赤いユリがタージマハルの壁、そしてシャー・ジャハーンとその妻の墓に彫刻される。
1691年	ジェームズ2世を支持していたアイルランドのカトリック教徒に対するオレンジ公ウィリアムの勝利をたたえて、オレンジリリー（*L. bulbiferum* var. *croceum*）がプロテスタントのオレンジ党員のシンボルになる。
1736年	フィラデルフィアの農場主ジョン・バートラムがアメリカのユリ（*L. superbum*）の球根を植民地からイギリスへ送り、一流のボタニカルアーティストたちの画題になる。
1776年	スウェーデンの植物探検家カール・ペーテル・ツンベルクが日本南部の琉球諸島で、のちにイースターリリーと呼ばれるようになるテッポウユリ（*L. longiflorum*）を発見する。
1804年	ウィリアム・カーがオニユリ（*L. lancifolium*）を中国からロンドンのキューガーデンへ送る。
1849年	ジョゼフ・パクストンがイングランドでオオオニバス（*Victoria amazonica*）の花を咲かせることに成功し、その葉から水晶宮のデザインを思いつく。
1862年	イギリスの植物商ジョン・ヴィーチが、日本で発見された

年表

紀元前2500～1450年頃	エーゲ海のギリシアの島々に興った古代ミノア文明で、ユリの絵が壁画に描かれ、宝飾品や陶器に彫られる。
紀元前2500～800年頃	古代エジプト人がユリやスイレンを墓に彫り、宗教儀式に用い、香水を作るのに使う。
紀元前500～西暦450年頃	ローマ人がマドンナリリーを帝国各地に広める。 詩人ウェルギリウスが、輝く白という意味の *candidum* と名づける。
紀元前200年頃	中国の学者たちが、ユリに言及した現存する最古の文書『神農本草書』を編纂する。
西暦493年	クロヴィス1世がキリスト教に改宗し、伝説ではこのときフランス王家が紋章としてフルール・ド・リスを採用したとされる。
700年頃	ベーダ・ヴェネラビリスが聖母の純潔のしるしとして白ユリに言及し、「純白の花びらは彼女の汚れのない体を、金色の葯は天の光とともに輝く彼女の魂を表す」と述べる。
800年頃	シャルルマーニュが、ユリやバラを筆頭に神聖ローマ帝国のどの町でも栽培すべき植物を列挙した「御料地令」を発布する。
900～960年頃	中国の農業書『四季の必須作業の概要』に食用のユリの球根の栽培が記載される。

Mancoff, Debra, *Flora Symbolica: Flowers in Pre-Raphaelite Art* (New York, 2003)

Mathew, Brian, *Lilies: A Romantic History with a Guide to Cultivation* (London, 1993)

Saunders, Gill, *Picturing Plants: An Analytical History of Botanical Illustration* (Los Angeles and London, 1995)

Sherwood, Shirley, and Martyn Rix, *Treasures of Botanical Art* (London, 2008)

Wallace, Alexander, *Notes on Lilies and their Culture* (London, 1879)

Ward, Bobby I., *A Contemplation upon Flowers: Garden Plants in Myth and Literature* (Portland, OR, 2005)

Wulf, Andrea, *The Brother Gardeners: Botany, Empire and the Birth of an Obsession* (New York, 2008).

参考文献

Blunt, Wilfrid, and Sandra Raphael, *The Illustrated Herbal* (London, 1979)

Clifford, Derek, *A History of Garden Design* (New York, 1963)

Coats, Alice M., *The Book of Flowers* (London, 1973)（『花の西洋史』、白幡洋三郎・白幡節子訳、八坂書房）

—, *Flowers and their Histories* (London, 1968)

—, *The Treasury of Flowers* (London, 1975)

Elliott, Brent, *Flora: An Illustrated History of the Garden Flower* (Willowdale, Ontario, 2001)

Farr, Judith, *The Gardens of Emily Dickinson* (Cambridge, MA, 2004)

—, *The Passion of Emily Dickinson* (Cambridge, MA, 1992)

Fisher, Lillian M., *Kateri Tekakwitha: The Lily of the Mohawks* (Boston, MA, 1995)

Gail, Peter A., *The Delightful Delicious Daylily* (Cleveland, OH, 1995)

Goody, Jack, *The Culture of Flowers* (Cambridge, 1993)

Haw, Stephen, *The Lilies of China* (Portland, or, 1986)

Heilmeyer, Marina, *The Language of Flowers* (New York, 2006)

Hobhouse, Penelope, *Plants in Garden History: An Illustrated History of Plants and their Influence on Garden Styles from Ancient Egypt to the Present Day* (London, 1997)

Jekyll, Gertrude, *Lilies for English Gardens: A Guide for Amateurs* (London, 1903)

Keeler, Nancy, *Gardens in Perpetual Bloom: Botanical Illustration in Europe and America, 1600–1850* (Boston, MA, 2009)

Kelly, Simon, with Mary Schafer and Johanna Bernstein, *Monet's Water Lilies: The Agapanthus Triptych* (St Louis, MO, 2011)（『永遠（とわ）に花咲く庭：17-19世紀の西洋植物画』、佐藤真実子訳、名古屋ボストン美術館）

Kincaid, Jamaica, ed., *My Favorite Plant* (New York, 1998)

—, *My Garden Book* (New York, 1999)

Lynes, Barbara Buhler, ed., *Georgia O'Keeffe and the Calla Lily in American Art, 1860–1940* (New Haven, ct, 2002)

McGeorge, *Pamela, Lilies* (Auckland, 2004)

McRae, Edward Austin, *Lilies: A Guide for Growers and Collectors* (Portland, or, 1998)

注

はじめに

1　Susan Vreeland, *Clara and Mr Tiffany* (New York, 2011), p. 273.
2　Colette, 'Flowers and Fruits', in *My Favorite Plant*, ed. Jamaica Kincaid (New York, 1998), p. 65.
3　B&D Lilies, 'Knowledge Base of Wild Lilies' (2008), at www.bdlillies.com (2012年7月12日アクセス)
4　Jamaica Kincaid, *My Garden Book* (New York, 1999), p. 67.
5　Colette, 'Flowers and Fruits', p. 65.
6　James Moore, 'The Pale Beauty of Priceless Flowers: Market and Meaning in O' Keeffe's Calla Lily Paintings', in *Georgia O'Keeffe and the Calla Lily in American Art, 1860–1940*, ed. Barbara Buhler Lynes (New Haven, CT, 2002), p. 45で引用.

第1章 リリーと呼ばれるが

1　Wilfrid Blunt and Sandra Raphael, *The Illustrated Herbal* (London, 1979), p. 14.
2　Jack Goody, *The Culture of Flowers* (Cambridge, 1993), p. 350.
3　Birkhard Bilger, 'The Great Oasis', *New Yorker* (19–26 December 2011), p. 114.
4　Charlie Kroell, 著者への E メール, 2012年11月25日
5　Charlie Kroell, 著者への E メール, 2012年11月28日
6　Shirley Sherwood and Martyn Rix, *Treasures of Botanical Art* (London, 2008), p. 152.
7　Simon Kelly, *Monet's Water Lilies: The Agapanthus Triptych* (St Louis, MO, 2011), pp. 14–15.
8　同上, pp. 17–18.

第2章 氷河時代から現代まで

1　Alice M. Coats, *Flowers and their Histories* (London, 1968)（『花の西洋史』、白幡洋三郎・白幡節子訳、八坂書房）, p. 142.
2　Penelope Hobhouse, *Plants in Garden History* (London, 1997), p. 16.

3 Jack Goody, *The Culture of Flowers* (Cambridge, 1993), p. 64で引用

4 Hobhouse, *Plants in Garden History,* p. 70.

5 Stephen G. Haw, *The Lilies of China* (Portland, OR, 1986), p. 15.

6 Goody, *Culture of Flowers*, p. 352.

7 Hobhouse, *Plants in Garden History,* p. 96で引用

8 John McClintock and James Strong, *Cyclopaedia of Biblical, Theological and Ecclesiastical Literature*, vol. v (Cambridge, MA, 1896), p. 432.

9 Hobhouse, *Plants in Garden History*, pp. 40, 66–7.

10 同上 , p. 21.

11 Goody, *Culture of Flowers*, p. 184.

12 Haw, *Lilies of China*, p. 51.

13 Coats, *Flowers and their Histories,* p. 145.

14 Leonard Perry, 'Easter Lilies', at University of Vermont, Department of Plant and Soil Science website, http://pss.uvm.edu (2012年7月12日最終アクセス)

15 Pamela McGeorge, *Lilies* (Auckland, 2004), p. 62.

16 Haw, *Lilies of China*, p. 54.

17 Brian Mathew, *Lilies: A Romantic History with a Guide to Cultivation* (London, 1993), p. 47.

18 Alexander Wallace, *Notes on Lilies and their Culture* (London, 1879), p. 1.

19 Coats, *Flowers and their Histories,* p. 148.

20 McGeorge, *Lilies*, p. 49で引用

21 Mathew, *Lilies*, p. 49.

22 B&D Lilies, 'Knowledge Base of Wild Lilies' (2008), at www.bdlillies.com (2012年7月12日アクセス)

23 Brent Elliott, *Flora: An Illustrated History of the Garden Flower* (Willowdale, Ontario, 2001), p. 34.

24 Coats, *Flowers and their Histories,* p. 148.

25 Patti Hagan, Horticulture, *New York Times*, Jan de Graffの死亡記事 (1989年8月9日) で引用

26 Brian Bergman, 'Comments on "A Revolution in Lilies", Presented by Peter Schenk (2011)', *North American Lily Society Quarterly Bulletin*, LXVI/4 (December 2012), p. 10.

27 McGeorge, *Lilies*, p. 68で引用

28 B&D Lilies, 'Knowledge Base of Wild Lilies' (2008), at www.bdlilies.com (2012年11月28日アクセス)

29 Charlie Kroell, 著者へのEメール, 2012年12月1日

第3章 どこの庭にもあるユリ

1 Penelope Hobhouse, *Plants in Garden History* (London, 1997), p. 11.

2 同上, p. 12で引用

3 Derek Clifford, *A History of Garden Design* (New York, 1963), p. 24.

4 同上, p. 28.

5 Hobhouse, *Plants in Garden History*, p. 30.

6 Clifford, *A History of Garden Design*, p. 30で引用

7 Hobhouse, *Plants in Garden History*, pp. 58–9.

8 同上, p. 70.

9 同上

10 同上, p. 86.

11 同上, p. 73.

12 Marina Heilmeyer, *The Language of Flowers* (New York, 2006), p. 10で引用

13 Hobhouse, *Plants in Garden History*, p. 82.

14 同上, p. 137.

15 同上

16 Gill Saunders, *Picturing Plants* (Los Angeles and London, 1995), p. 41.

17 Hobhouse, *Plants in Garden History*, pp. 144–5.

18 Clifford, *A History of Garden Design*, pp. 65–6.

19 Saunders, *Picturing Plants*, p. 52.

20 Clifford, *A History of Garden Design*, p. 80.

21 Hobhouse, *Plants in Garden History*, pp. 186–7.

22 同上, p. 137.

23 同上, p. 205.

24 同上, p. 202.

25 同上, p. 231.

26 John Fisk Allen, *Victoria Regia; or, The Great Water Lily of America* (Boston, MA, 1854).

27　同上

28　同上

29　At www.longwoodgardens.org (2012年12月8日アクセス)

30　At www.keukenhof.nl (2012年12月8日アクセス)

第4章 ユリを描く

1　Gill Saunders, *Picturing Plants* (Los Angeles and London, 1995), p. 18.

2　Wilfrid Blunt and Sandra Raphael, *The Illustrated Herbal* (London, 1979), p. 17で引用

3　同上, p. 57.

4　同上, p. 134.

5　Nancy Keeler, *Gardens in Perpetual Bloom* (Boston, MA, 2009)（『永遠（とわ）に花咲く庭』、佐藤真実子訳、名古屋ボストン美術館), pp. 9–10.

6　Shirley Sherwood and Martyn Rix, *Treasures of Botanical Art* (London, 2008), p. 54.

7　Saunders, *Picturing Plants*, p. 89で引用

8　Andrea Wulf, *The Brother Gardeners* (New York, 2008), p. 257.

9　Alice M. Coats, *The Book of Flowers* (New York, 1973), p. 17.

10　John Fisk Allen, *Victoria Regia; or, The Great Water Lily of America* (Boston, MA, 1854).

11　同上.

12　Keeler, *Gardens in Perpetual Bloom*, p. 120.

13　Alice M. Coats, *Treasury of Flowers* (London, 1975), p. 9.

14　*The Botanical Artist: Journal of the American Society of Botanical Artists,* XVII/3(September 2011), p. 23.

15　Sherwood and Rix, *Treasures of Botanical Art,* p. 12.

16　At www.lisaholley.com (2012年12月7日アクセス)

第5章 乳と血と性

1　Rose-Marie Hagen and Rainer Hagen, *What Great Paintings Say* (Los Angeles, 2000), pp. 189–91.

2　'Jacopo Tintoretto, *The Origin of the Milky Way*,' at website of National Gallery, London, www.nationalgallery.org.uk (2012年7月4日アクセス)

3 Lillian M. Fisher, *Kateri Tekakwitha: The Lily of the Mohawks* (Boston, MA, 1995), pp. 120–22.

4 Mariann Burke, *Re-imagining Mary: A Journey through Art to the Feminine Self* (Carmel, ca, 2009), p. 66.

5 Marina Heilmeyer, *The Language of Flowers* (New York, 2006), p. 48.

6 Debra Mancoff, *Flora Symbolica: Flowers in Pre-Raphaelite Art* (New York, 2003), p. 58.

7 Bobby I. Ward, *Contemplation upon Flowers: Garden Plants in Myth and Literature* (Portland, OR, 2005), p. 174.

8 'Forest Legends: St Leonard and the Dragon', at www.friendsofstleonardsforest.org.uk (2012年7月4日アクセス)

9 Charles M. Skinner, *Myths and Legends of Flowers, Trees, Fruits and Plants in All Ages and in All Climes* (Philadelphia, 1911)(『花の神話と伝説』、垂水雄二・福屋正修訳、八坂書房)

10 Claire O'Rush, *The Enchanted Garden* (New York, 2000), p. 80.

11 Mancoff, *Flora Symbolica,* p. 38.

第6章 ユリのように清らか

1 Jack Goody, *The Culture of Flowers* (Cambridge, 1993), p. 88.

2 同上 , p. 85.

3 Alice M. Coats, *Flowers and their Histories* (London, 1968)(『花の西洋史』、白幡洋三郎・白幡節子訳、八坂書房), p. 142で引用

4 Goody, *Culture of Flowers*, p. 157.

5 Derek Clifford, *A History of Garden Design* (New York, 1963), p. 19.

6 Penelope Hobhouse, *Plants in Garden History* (London, 1997), p. 138.

7 Judith Farr, *The Passion of Emily Dickinson* (Cambridge, MA, 1992), p. 39.

8 *Drawings and Studies by Sir Edward Burne-Jones*, exh. cat., Burlington Fine Arts Club, London (1899), p. vii.

9 'Kimono with Carp, Water Lilies, and Morning Glories (Japan) (2006.73.2)', in *Heilbrunn Timeline of Art History*, New York: The Metropolitan Museum of Art, 2000.

10 Charles C. Eldredge, 'Calla Moderna: "Such a Strange Flower"', in *Georgia*

O'Keeffe and the Calla Lily in American Art, 1860–1940, ed. Barbara Buhler Lynes (New Haven, CT, 2002), p. 12で引用

11 Simon Kelly, *Monet's Water Lilies: The Agapanthus Triptych* (St Louis, MO, 2011), p. 17で引用

12 同上 , p. 29で引用

13 同上 , p. 13で引用

第7章 もっともセクシーな花

1 Jack Goody, *The Culture of Flowers* (Cambridge, 1993), p. 5.

2 Andrea Wulf, *The Brother Gardeners* (New York, 2008), p. 59.

3 Elizabeth Anne Jones, *Awaken to Healing Fragrance: The Power of Essential Oil Therapy* (Berkeley, ca, 1999). pp. 3, 23 and 91. ユリとそのほか多くの花が蒸留されて、王室の女性たちのための香水に混入された。

4 Goody, *Culture of Flowers*, p. 204.

5 Judith Farr, *The Gardens of Emily Dickinson* (Cambridge, MA, 2004), p. 31.

6 Judith Farr, *The Passion of Emily Dickinson* (Cambridge, MA, 1992), p. 38.

7 同上 , p. 39.

8 同上 , p. 168.

9 Daniel Mendelshon, 'The Two Oscar Wildes', *New York Review of Books* (10 October 2002).

10 Department of Ecology, State of Washington, 'Non-invasive Freshwater Plants', at www.ecy.was.gov (2012年4月26日アクセス)

11 Charles Eldredge, 'Calla Moderna: Such a Strange Flower', in *Georgia O'Keeffe and the Calla Lily in American Art, 1860–1940*, ed. Barbara Buhler Lynes (New Haven, CT, 2002), p. 18.

12 同上 , p. 25.

13 James Moore, 'The Pale Beauty of Priceless Flowers: Market and Meaning in O' Keeffe's Calla Lily Paintings', in *Georgia O'Keeffe and the Calla Lily*, ed. Lynes, p. 51.

14 Luis-Martin Lozano and Juan Rafael Coronel Rivera, *Diego Rivera: The Complete Murals* (Berlin, 2008), p. 567.

15 Deborah A. Levinson, 'Robert Mapplethorpe's Extraordinary Vision', review of 'The Perfect Moment' Exhibition for the Washington Project for the Arts at the

Institute for Contemporary Art, Washington, DC, 1989, *The Tech* (Cambridge, MA, 1990).

第8章 生と死の問題

1 Jack Goody, *The Culture of Flowers* (Cambridge, 1993), p. 67.

2 Debra Mancoff, *Flora Symbolica: Flowers in Pre-Raphaelite Art* (New York, 2003), p. 36.

3 James Moore, 'The Pale Beauty of Priceless Flowers', in *Georgia O'Keeffe and the Calla Lily in American Art, 1860–1940*, ed. Barbara Buhler Lynes (New Haven, CT, 2002), p. 55.

4 同上 , p. 13.

5 Simon Kelly, *Monet's Water Lilies: The Agapanthus Triptych* (St Louis, MO, 2011), p. 27.

第9章 いつも楽しませてくれる

1 Programme notes for *The Importance of Being Earnest* at People's Light & Theatre Company, Malvern, pa, June 1993.

2 Debra Mancoff, *Flora Symbolica: Flowers in Pre-Raphaelite Art* (New York, 2003), p. 84.

3 同上

4 Pliny the Elder, *The Natural History*, trans. John Bostock and H. T. Riley (1855), www.perseus.edu; translation of 1601, Brian Mathew, *Lillies: A Romantic History with a Guide to Cultivation* (London, 1993), p. 21で引用

5 Alice M. Coats, *Flowers and their Histories* (London, 1968)(『花の西洋史』、白幡洋三郎・白幡節子訳、八坂書房), p. 142で引用

第10章 1日ひとつのユリで医者いらず

1 Stephen G. Haw, *The Lilies of China* (Portland, OR, 1986), p. 43.

2 Jack Goody, *The Culture of Flowers* (Cambridge, 1993), p. 370; Alice M. Coats, *Flowers and their Histories* (London, 1968)(『花の西洋史』、白幡洋三郎・白幡節子訳、八坂書房), p. 114; Peter Gail, *The Delightful Delicious Daylily,* 2nd edn (Cleveland, oh, 1995), p. 16.

3　Haw, *Lilies of China*, p. 43.
4　Coats, *Flowers and their Histories*, p. 311.
5　Wilfrid Blunt and Sandra Raphael, *The Illustrated Herbal* (London, 1979), p. 17.
6　Coats, *Flowers and their Histories,* p. 56.
7　同上 , p. 57.
8　Alice M. Coats, *The Treasury of Flowers* (London, 1975), p. 116.
9　カイソウの球根は大量に摂取するとかなり毒性が強く、殺鼠剤に使われてきた ; www.bulbsociety.org (2012年7月12日アクセス)
10　Brian Matthew, *Lilies: A Romantic History with a Guide to Cultivation* (London, 1993), p. 14.
11　Palomar College, San Marcos, ca, 'Soap Lilies in California', at www.palomar.edu (2012年7月12日アクセス)
12　Haw, *Lilies of China*, p. 43.
13　Marina Heilmeyer, *The Language of Flowers* (New York, 2006), p. 7.
14　Clare Cooper Marcus, *Healing Gardens: Therapeutic Benefits and Design Recommendations* (Hoboken, NJ, 1999), p. 2.

第11章 ユリを食べる

1　'Yellow Martagon Lily, Lilium pomponium', at www.aboutflowers.org (2012年7月12日アクセス)
2　USDA Forest Service, 'Celebrating Wildflowers: Intermountain Region. Camas Prairie', at http://www.fs.fed.us/wildflowers (2012年7月12日アクセス)
3　Stephen G. Haw, *The Lilies of China* (Portland, OR, 1986), p. 47で引用
4　同上 , pp. 48–9.
5　Jack Goody, *The Culture of Flowers* (Cambridge, 1993), p. 181.
6　Jean-Anthelme Brillat-Savarin, *The Physiology of Taste,* trans. M.F.K. Fisher (New York, 1946), p. 357.
7　Craig Barnes, Slate Hill Farm Daylilies, Salem, New York との会話
8　Peter Gail, *The Delightful Delicious Daylily*, 2nd end (Cleveland, oh, 1989), p. 27.
9　同上 , p. 21.

おわりに

1 Brian Mathew, *Lilies: A Romantic History with a Guide to Cultivation* (London, 1993), p. 41.

マーシャ・ライス（Marcia Reiss）
『New York Then and Now』など、ニューヨークの歴史と建築に関する本を多数書いている。ニューヨーク市、非営利組織、大学、新聞社で働いたことがある。熱心なガーデナーでもあり、著書に文化や栽培等さまざまな観点からリンゴの歴史を書いた『花と木の図書館 リンゴの文化誌』(2021 年 12 月邦訳刊行予定／原書房）がある。

上原ゆうこ（うえはら・ゆうこ）
神戸大学農学部卒業。農業関係の研究員を経て翻訳家。広島県在住。おもな訳書に、バーンスタイン『癒しのガーデニング』（日本教文社)、ハリソン『ヴィジュアル版 植物ラテン語事典』、ホブハウス『世界の庭園歴史図鑑』、ホッジ『ボタニカルイラストで見る園芸植物学百科』、キングズバリ『150の樹木百科図鑑』、トマス『なぜわれわれは外来生物を受け入れる必要があるのか』、バターワース『世界で楽しまれている50の園芸植物図鑑』（原書房）などがある。

花と木の図書館

ユリの文化誌

●

2021 年 *10* 月 *27* 日　第 *1* 刷

著者……………マーシャ・ライス
訳者……………上原ゆうこ
装幀……………和田悠里
発行者……………成瀬雅人
発行所……………株式会社原書房

〒160-0022 東京都新宿区新宿 1-25-13
電話・代表 03(3354)0685
振替・00150-6-151594
http://www.harashobo.co.jp

印刷……………新灯印刷株式会社
製本……………東京美術紙工協業組合

ISBN 978-4-562-05954-6, Printed in Japan